ニッポンの本屋

本の雑誌編集部編

本の雑誌社

目次

第1章

第2章

第3章

P224写真＝ブックス音羽の配達自転車

本書は本の雑誌の巻頭連載「本棚が見たい！」本屋編をまとめた第1弾。
棚に並ぶ背表紙を追う、POPに見入る、什器に惚れる等々。店内の雰囲気を存分にお楽しみください。
なだらかだったり、激しかったり、お店のカラーってこんなにあるんです。
ご近所様から足を運び始めた本企画。これからも各地の書店にお邪魔します！

第1章

変わらぬ佇まい

三月書房

たとへば君
河野裕子読本
山中智恵子全歌集
高安国世の手紙
名歌集探訪
神経花瓶
滅びの文学
大西民子全歌集
高瀬一誌全歌集
平野萬里全歌集
岡井隆全歌集
栗木京子作品
小島ゆかり作品
香川ヒサ作品

吉本隆明全集
熊谷守一
吉本隆明全集
塔
佐々木マキ

いとしのロベルタ
佐々木マキ
イモツル式物語
氷の巨人コーリン
佐々木マキ
アナーキーなナンセンス詩人
サザエさんかるた
その弐
長谷川町子画
制作年不明・希少版
幻
発掘!!
近代短歌とその源流
木俣修百首
吉野昌夫
短歌思考
近藤芳美
寒燈集歌解
山光集歌解
大正昭和の歌
昭和の記録 歌集八月十五日
季刊現
季刊現
佐 バックナンバー
各500円 +税
新本バーゲンセール

現代装幀
装丁物語 和田誠
書物愛 蔵書票の世界
杉浦康平のデザイン
装丁問答
装幀列伝
本のしごと
ブックデザインの構想
西洋の書物工房
装幀思案 菊地信義
出版と政治の戦後史
紙の本は、滅びない
鈴木成一 装丁を語る。
ベストセラーの世界史
疎開した四〇万冊の図書 金高謙二
本屋図鑑
善き書店員 木村俊介
物語のある本屋
倶楽部雑誌探究 塩澤実信
名古屋とちくさ正文館 古田一晴
薔薇十字社とその軌跡 内藤三津子
貸本屋、古本屋、高野書店 高野肇
営業と経営から見た筑摩書房 菊池明郎
再販／グーグル問題と流対協 高須次郎
リブロが本屋であったころ 中村文孝
震災に負けない古書ふみくら 佐藤周一
HAB 新潟
日本人のための尖閣諸島史
里山資本主義 藻谷浩介 NHK広島取材班
第1位
アメリカは日本の消費税を許さない 岩本沙弓
増税を望む経団連 vs. 報復を画策する米国
国民を欺く日米経済戦争の真相
車両を造るという仕事 里田啓
サラリーマンこそニッポンの原動力だ!!

天窓
馬場あき子歌集
あかゑあをゑ
龍笛
今野寿美
過ぎて行く歌
塚本邦雄全集
如丘小吟
残吟抄
詩歌變
塚本邦雄
西行百首

ミステリマガジン
ジャズ批評
JIMBOCHO
男の隠れ家
JAZZ PERSPECTIVE
ケトル
BOOKISH
あかまつ

馬場あき子歌集
ゆふがほの家
あかゑあをゑ
太鼓の空間
馬場あき子
尾崎まゆみ
龍笛
今野寿美
過ぎて行く歌

三月書房のある京都の寺町通は、観光地の喧騒からほんの少し離れ、町の生活がある地だ。三月書房の開業は一九五〇年三月で、現在、店主を務めるのは三代目の宍戸立夫氏。十坪ほどの店内にすき間なく本が並ぶ。全国に名が知れた有名店だが、実際に訪れてみて敷居の低さに驚いた。難しそうな本が多いけれど並びに気取りがない。硬軟の取り混ぜに技があり、読みたくなる本が自然と目につく。

お客さんは思い思いの本に手を伸ばしては吟味している。店内の本を媒介に友と語らう人もちらほら。店の奥に陣取る店主の目線は、手元の本を忙しなく辿っている。

町は少しずつ変わっているようで、茶舗一保堂のように長く続いている店もあれば、飲食店が増えてるけれどどこもちゃんと調理場のある店ばかり、とのこと。ガラス戸越しに見える背表紙に惹かれては、行き来する人がふらりと立ち寄る。「寺町二条の地べたの本屋」では長閑な時間が過ぎてゆく。

ホームページ

三月書房
京都市中京区寺町二条上ル
営業時間 正午〜午後６時
定休日　月、火曜
正月（12 月 31 日〜4 日）とお盆（8月 13 日頃に3日間ほど）
市営地下鉄京都市役所前 11 番出口より徒歩6分。京阪電車・三条駅徒歩 12 分

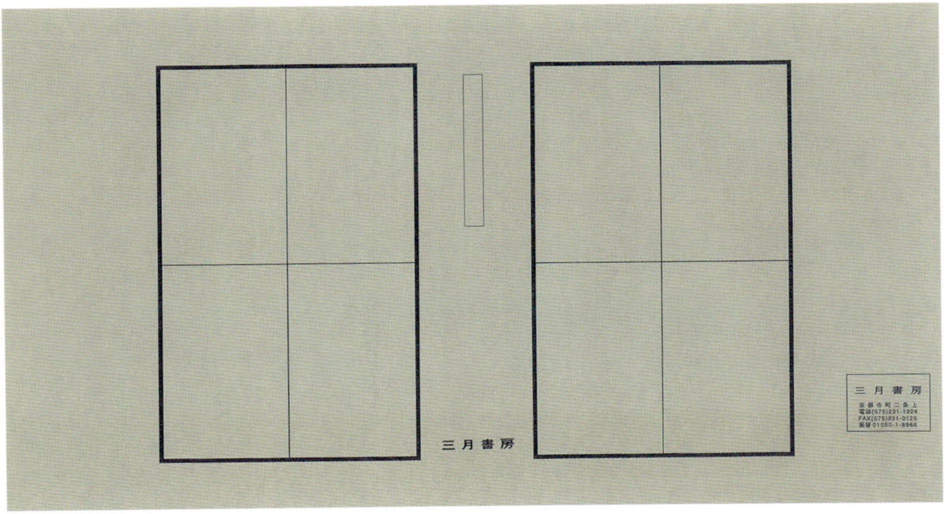

アグレッシブな町の本屋
往来堂書店

インターネットにて本の検索をいたします。
店員にお申し出ください。
※棚にない本は速攻でお取り寄せいたします

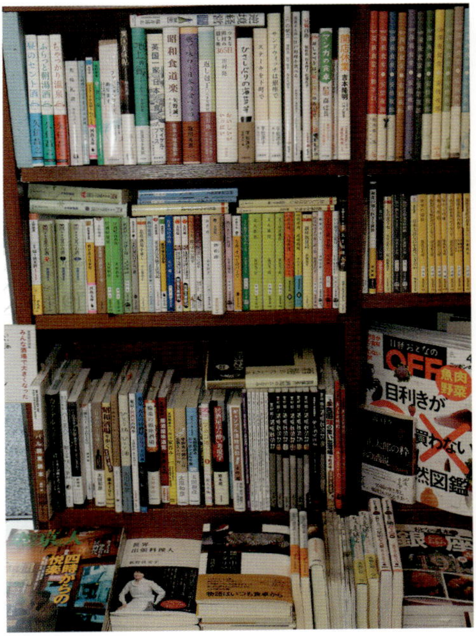

往来堂書店さま

名残りの花
歌舞伎 型の真髄
渡辺保
中村勘三郎
十八代目 中村勘三郎
勘三郎伝説
歌舞伎十八番
煙管の芸談
梅原猛
書
日本の書
新オペラ鑑賞事典
リヒャルト・シュトラウス
クラシックの核心
茶の湯とは何ぞや
茶道具の楽しみ
千利休
利休の風景
長谷と長艶
※各種クレジットカードご利用になれます
タモリ読本
風に吹かれて
火垂るの墓
宮崎駿
ジャンジャン狂宴
ロックの闘い
ポップの現場から
白洲正子
FE-mag.
嵐
キネマ旬報
角川映画
1976-1986
日本を変えた10年
中川右介
天気待ち
サムライ
東映ゲリラ戦記
あかんやつら
映画術
SF映画術
ブレードランナーの未来世紀
日本映画
歴史
世界史人

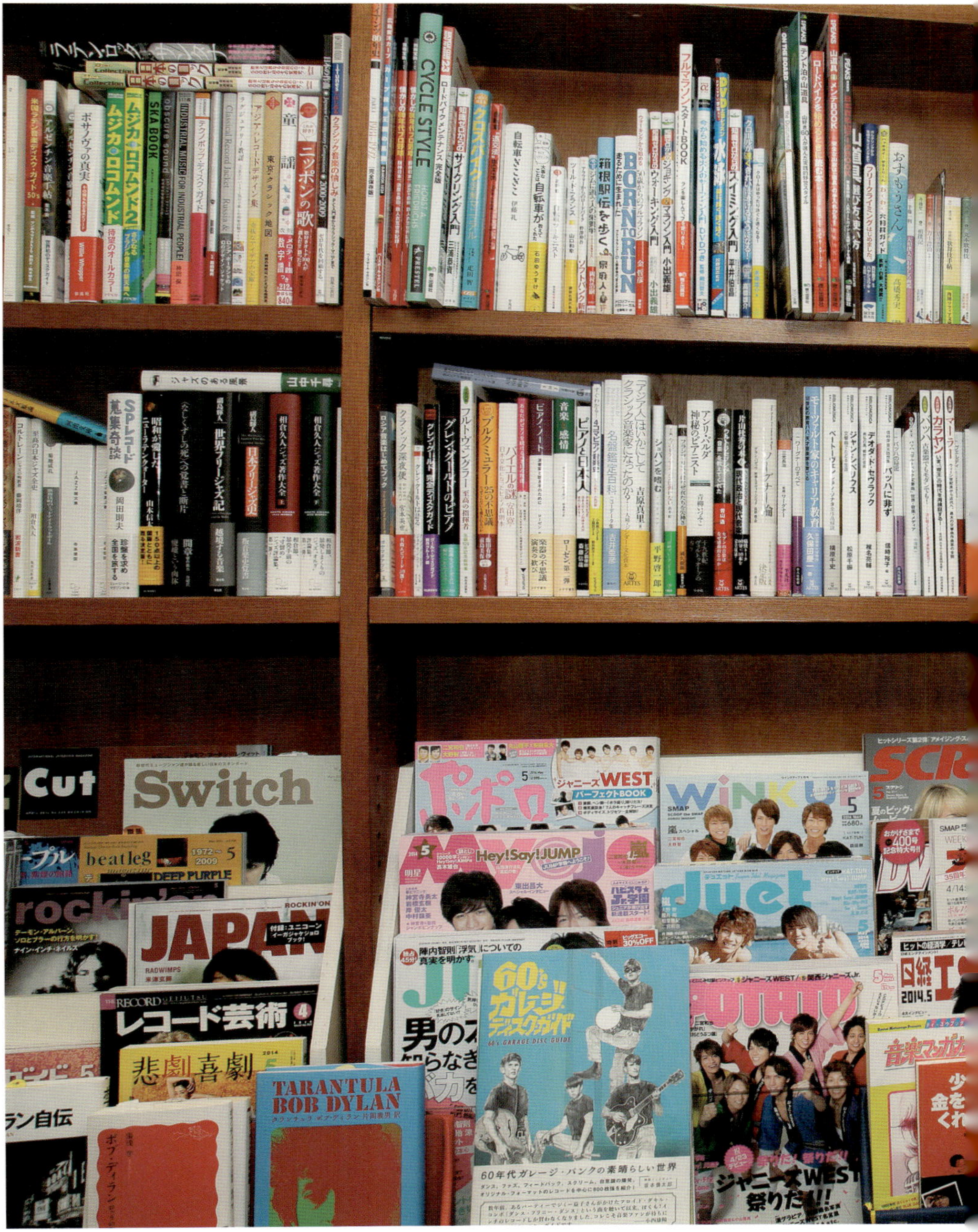

CYCLE STYLE
BORN TO RUN
ニッポンの歌
Cut
Switch
beatleg
DEEP PURPLE
WiNK UP
Myojo
Hey! Say! JUMP
duet
JAPAN
レコード芸術
悲劇喜劇
TARANTULA
BOB DYLAN
60's ガレージ・ディスクガイド
60年代ガレージ・パンクの素晴らしい世界
POTATO
ジャニーズWEST 祭りだ!!
音楽マンガガイド

POPEYE
TOKYO
HOME SWEET
'Scapes
BIRD
不二山

女子
大重版
独身OLのすべて

謎の独立国家ソマリランド
高野秀行
気象と大気のしくみ
Bruce
食べてはいけない!
冒険だけが人生だ!

皆殺し映画通信
自由のすきま
いちから聞きたい放射線のほんとう
店員にお申し出ください

往来堂書店は千代田線根津駅と千駄木駅の中間あたりにある。駅から徒歩五分ほど、スーパーや八百屋、惣菜店などが並ぶ不忍通り沿いの町の本屋だ。創業は一九九六年。二〇坪という限られたスペースながら、流行本から理系文系読み物、コミック、暮し、趣味、カルチャー系と、多彩なジャンルの本がポイントを押さえて選書されている。雑誌棚と書籍棚が融合しているのが抜群に素晴らしく、気になるジャンルの雑誌と書籍を一目で把握できる。

　お客さんとの距離が近いのは町の書店の強み。でも、ひと回りすればだいたい把握できる店内だから、飽きられるスパンもぐんと早い。馴染みのお客さんがいつ来ても楽しんでもらえるような棚作りが命題だ。そのための努力は欠かさず、多彩なフェアを次々と組む。地元の団子坂にちなんだD坂文庫は年二回開催の独自企画。毎回五十名ほどの執筆者による選書が並び、待ち構えているお客さんがいるほどの人気だ。手書き販促ペーパー往来っ子新聞に毎週発行のメルマガ往来堂ももんが通信と、と情報発信も手抜きなし。どこまでもアグレッシブな町の本屋である。

往来堂書店
東京都文京区千駄木２丁目47−11
東京メトロ千代田線根津駅・千駄木駅から徒歩５分
月〜土 10:00−22:00　日・祝 11:00−21:00

ホームページ　ツイッター

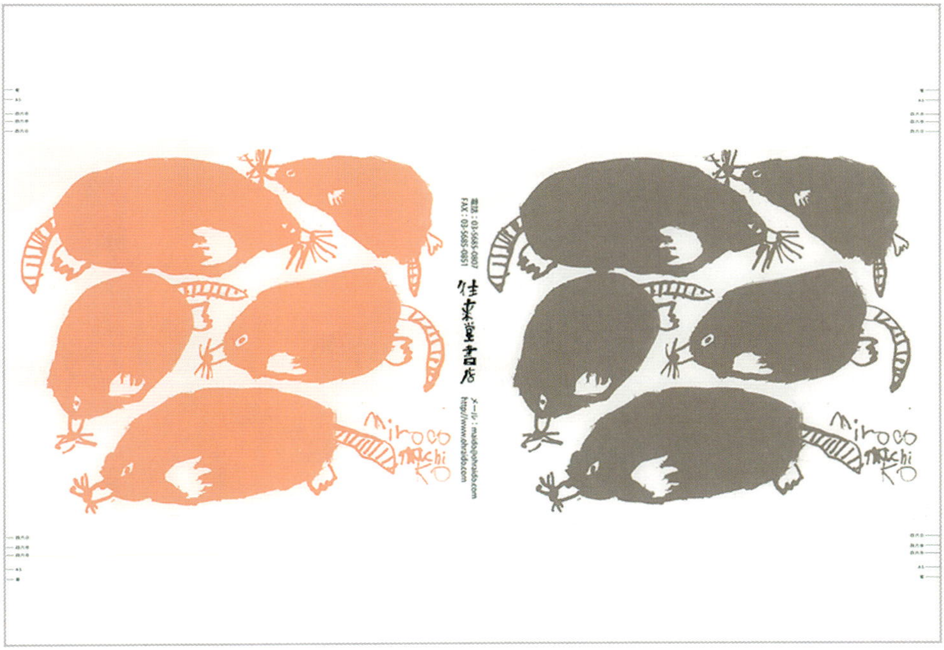

人文書にも炸裂するPOPの嵐
あゆみBOOKS小石川店

2017年3月に閉店

文庫
New Yonda? Club Shincho Bunko
ヒッチコックのお気に入り
うまい犯罪、しゃれた殺人
200万部突破!
大ベストセラー
堂々完結
宮部みゆき
ソロモンの偽証
Nのために
湊かなえ
この1冊にあなたは何度も騙される。
これは最高にヤバイ!!!!!!!!!!!
とにかく泣けます
どんでん返し

文化・民俗
メディア論
政治
政治思想
ノンフィクション
社会学
ジェンダー

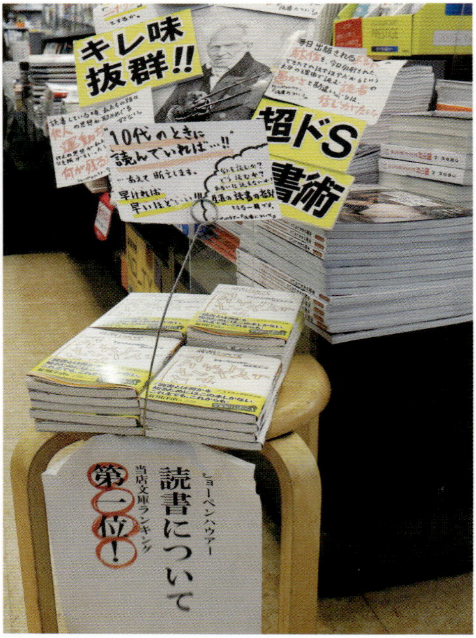
キレ味抜群!!
超ドS
書術
10代のときに読んでいれば…!!
ショーペンハウアー
読書について
当店文庫ランキング
第一位!

歎異抄の近代
日本の思想
精神の生態学
33の素敵な数学小景
あっ，こんなところにも線形代数が！
この本の名は？
論理パズルの奏斗スマリヤン
数学の教科書が言ったこと、言わなかったこと
探求の共同体
子どもと哲学する
波止場日記
柄谷行人
哲学の起源
帝国の構造
正直シグナル
HONEST SIGNALS
わざ言語
フロー体験 喜びの現象学
遊ぶヴィゴツキー
スピノザの方法
感じる脳
家族進化論
双子の遺伝子
破壊する創造者
あなたのなかの宇宙
利己的な遺伝子
解剖学
人体の物語
脳と人体探求

挿絵・装丁で選ぶ文庫フェア
あゆみBOOKS & 鷗眞堂 × 岩波文庫 & ちくま文庫 & 中公文庫

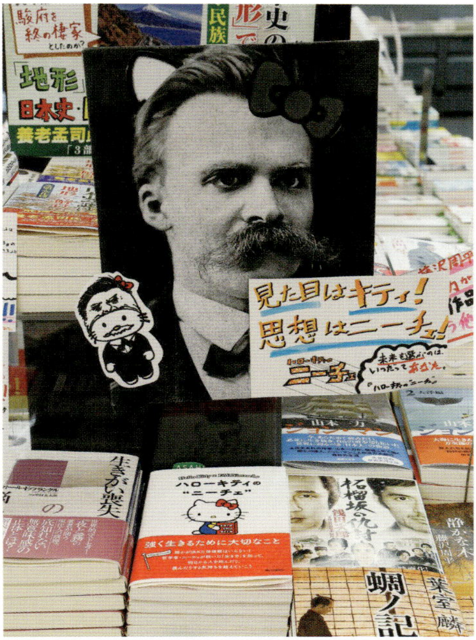
見た目はキティ！
思想はニーチェ！
ハローキティの"ニーチェ"
強く生きるために大切なこと
蜩ノ記
葉室麟
日本史
養老孟司
地形

神の棄てた裸体
石井光太
深夜特急1
沢木耕太郎
王手
升田幸三
私の嫌いな10の人びと
中島義道
孔子伝
チェーン・スモーキング
沢木耕太郎
バーボン・ストリート
ぼくは猟師になった
将棋の子
大崎善生
なぜ人を殺してはいけないのか
小浜逸郎
あなたは、この問いに答えられますか
「知的野蛮人」になるための本棚
佐藤優
人生論ノート
三木清
石井光太
絶対貧困
世界リアル貧困学講義
内澤旬子
屠畜紀行
THE WORLD'S SLAUGHTERHOUSE TOUR
聖の青春
女子高生コンクリート詰め殺人事件
「史上まれにみる凶悪な少年犯罪」
子どもを被害者にも加害者にもしない
藤井誠二
悩み
臓器を売り、手足を切り落とし金を得る。
極上の、芳醇
55万部
おいしいお肉はこうしてやってくる!

まりーちゃんのくりすます
いろいろ1ねん
さむがりやのサンタ
クリスマスってなあに?
この子たちに

いま一番売れている"子育て"の本!
『子どもが変わる怒らない子育て』
説明しない男
ボールペンイラスト
10万部突破!
BREAD & PANCAKES
おいしいパン
大人の女はどう働くか?

あゆみBOOKS小石川店は地下鉄の後楽園駅から徒歩三分、商店街にある町の本屋さんだ。フリの客は少なく、地元客が中心。古くから住んでいる年配の人が多い一方、都心回帰で移り住んできた子育て中の若い家族などの姿も目立つようになったという。

売場面積は六十八坪。入口を入ると、正面にどーんと新刊台があるが、ベストセラー級の新刊は平積みになっていない。面陳の本も人文系がメインでエンタメ系の文芸書は皆無といっていいくらい。新刊台の右手には平台代わりの丸椅子にショーペンハウアー『読書について』が四面積みされ、「キレ味抜群!!」「超ドS読書術」などのポップが躍っている。なんと『読書について』は同店の文庫ランキング第一位！なのだ。

久禮亮太店長によると、文芸、人文、ビジネスの三ジャンルが安定しているというが、坪数のわりに人文系とアート系の本の比率が高いのが特徴だろう。近隣の競合店の中で最小ということもあり、棲み分けのために色を出す必要があったらしい。「入店客数が飛躍的に上がらないのはわかっているので、いま来ていただいているお客様がまとめて買いたくなる、気分が盛り上がる店作りを心がけている」そうだ。撮影中に某出版社の営業担当者が入店してきた。近くの取次に行った帰りは必ずここに寄るという。いい客がついていそう、という印象を抱く店である。

（２０１５年１月号）

あゆみ BOOKS 小石川店
※2017 年 3 月に閉店
東京都文京区小石川、丸ノ内線後楽園駅から徒歩3分
開業当時の営業時間　月～土 9:00-25:00　日・祝 10:00-25:00　年中無休

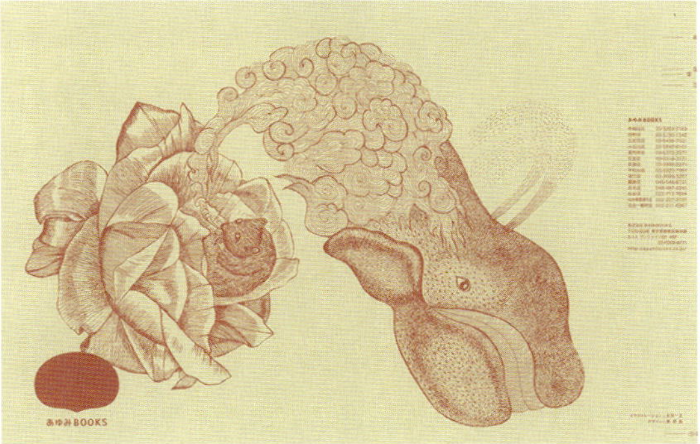

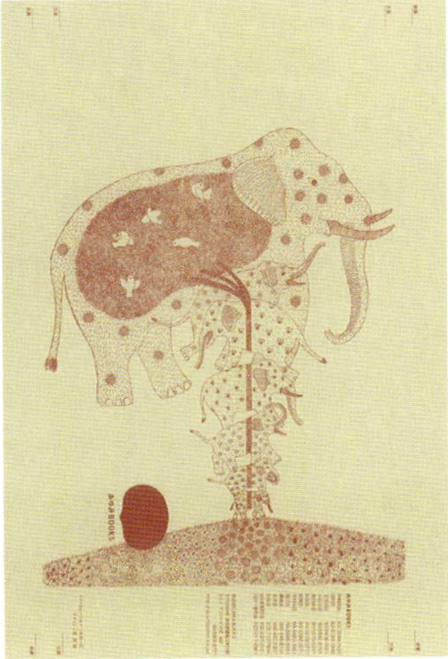

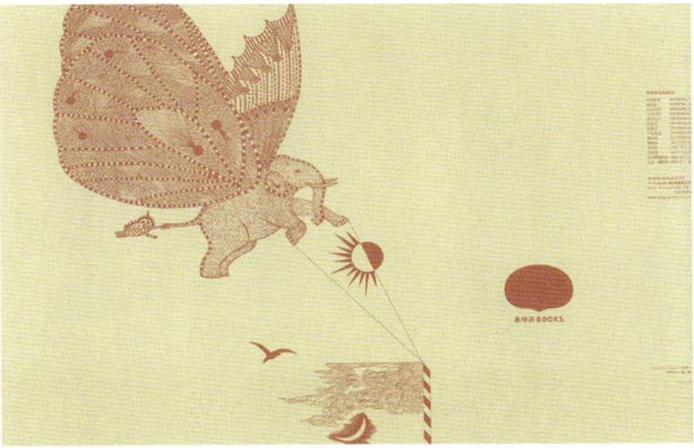

蛍光灯で書名くっきり
中村橋書店

日本史
早稲田大学
新日本史
日本史B
世界史
世界史人名辞典
Next Stage
Forest
高校受験案内
2015
チャート式
数学B
数学Ⅱ
数学I+A
数学Ⅱ+B
腸もみ

日本武道と東洋思想
宗教・いのち・国家
性の進化論
黄金時代
愉楽
トリュフォー 最後のインタビュー
無貌伝
欠落
今野敏
反逆の山
西村京太郎
熱海・湯河原殺人事件
横浜馬車道殺人事件
三保ノ松原殺人事件
殺意

宗主権の世界史
戦争違法化運動の時代
日本遊戯思想史
明治を彩る光芒
漆紙文書と漆工房
巨匠の失敗作
傷ついた女神
繊細な真実
ゴースト・スナイパー
密林の夢
ユグドラシルの樹の
三毛猫ホームズの秋
赤川次郎
国王の陰謀
勇者帰還
異世界温泉
SIGHTART
GRIN

FIGARO
JJ
母と子の冬のユニクロコーデまとめ

10.01
買ってはいけない

ダンテライオン
水底の棘
川瀬七緒
バードドッグ
寄居虫女
浮雲心霊奇譚
神永学
最強
11月のジュリエット
掟上今日子の備忘録
西尾維新
刺青のエンペラーとよばれた男がいた。
ヘルたん
愛川晶
謎だらけ!
群青のタンデム
長岡弘樹
アポロンの嘲笑
中山七里
わたしが殺した男
永瀬隼介
木津西高校生徒会
ふたつの星とタイムマシン
畑野智美
マル合の下僕
少女霊異記
高樹のぶ子
少女は古代とつながっている
ジュンのための6つの小曲
古谷田奈月
「僕、楽器なんだ!」
クロム・ジョウ
死呪の島
雪富千晶紀
走れ、健次郎
she&sea
海賊船に異世界トリップ!?
塩田武士
氷の仮面
かざまち美術館の謎便り
森晶麿
注文の多い美術館
門井慶喜
美の迷宮へご招待
垣谷美雨
イフ
聴診器。
奇跡の学校
小学生英語
叱らない教え方

西武池袋線中村橋駅の北口を出てサンツ中村橋商店街を一分ほど歩くと中村橋書店がある。一見すると昔ながらの町の本屋さんだが、入口を入った正面の棚ではライフスタイル系の本がフェア展開されていて、最上段には『ポーランドと他者』『近代日本政治思想史』『眉屋私記』『明治絵画と理想主義』など、高額の人文書や芸術書の新刊が並んでいる。左手は文芸書のコーナーだが、平台とセットになった棚が六本続き、さらに向かい側の壁面棚も文芸書が並んでいる。売場面積三十坪の書店にしては文芸書の棚が驚くほど多い。文芸書ばかりではない。右側壁面の棚は天井までコミックがびっしりと並んでいるし、学参もあれば絵本も児童書も実用書もある。唯一、少なめと感じるのはビジネス書だが、「ビジネス書を買うお客さんは都心でも買えるでしょう。町の本屋は町の本屋を利用してくれる人のために品揃えをすればいい」と、塙靖沖社長は考えているからだ。塙社長は七十二歳（取材当時）。大学卒業後、十三坪の書店を十五年営業したのち、この地に中村橋書店を開店して三十数年になる。まったくの素人で始めたから多くのことを先輩たちに学んだ。そのひとつがスリップに入荷日から二か月先の月日を記入することで、これはいまでも死に在庫のチェックのために、中村橋書店のほとんどの本になされている。五十年の歴史が息づく町の本屋なのである。

（２０１５年２月号）

中村橋書店
東京都練馬区貫井1−7−27　西武池袋線中村橋駅北口から徒歩1分
営業時間　10:00〜20:30　不定休

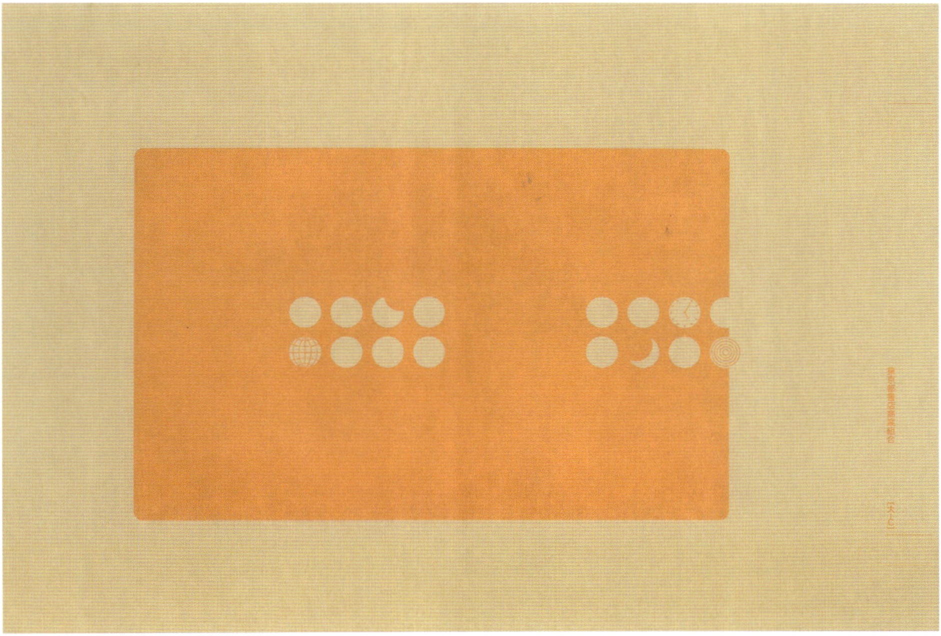

しあわせという名の本屋

幸福書房

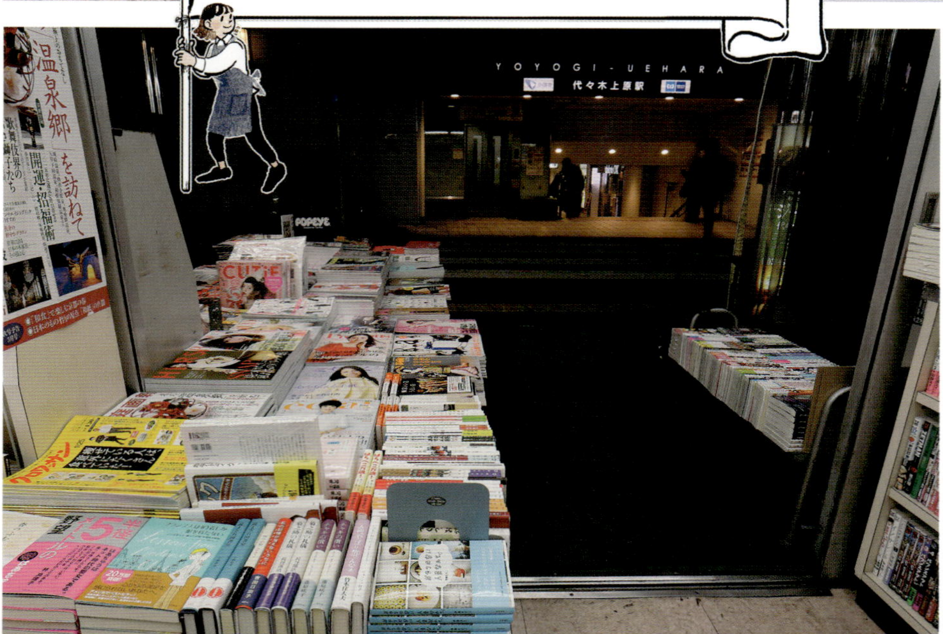

2018年2月に閉店

折口信夫
安藤礼二
集める人びと
「かたち」再考
文明開化は長崎から
ユング自伝
ヒトラーランド
ヒトラーのオリンピックに挑んだ若者たち
丸山眞男話文集
鳳雛の夢
上田秀人
「数独」を数学する
数学記号の誕生
背信の科学者たち
偽善者
依存症臨床論
ヴァギナ
日本の200年
男の娘たち
エイズの起源
人生は楽しんだ者が勝ちだ
ゲノムに書いてないこと
オートメーション・バカ
北条早雲
風の如く
華舫
あなたのなかの宇宙
人体の物語
ANATOMIES
ツタンカーメン死後の奇妙な物語
イエス・キリストは実在したのか？
寄生虫なき病
双子の遺伝子
脳科学は人格を変えられるか？
進化とは何か
月を盗んだ男
神なき宗教
日本人と天皇
熱風の日本史
政宗が殺せなかった男
学校で学びたい日本の偉人
戦争責任と靖国問題
天皇種族・池田勇人
日露戦争と大韓帝国
プロパガンダ・ラジオ
原敬
昭和陸軍秘録
ハルビン駅へ
現代に伝えたい私の満洲
零戦の子

新潮文庫
日本文学全集
舎人の部屋
花村萬月
親愛なる
一人っ子同盟
重松清
ぼくとあいつの、
さびしさと奇跡の物語。
波の音が消えるまで
沢木耕太郎
高い窓
知的生き方教室
中原昌也
壊れた自転車でぼくはゆく
市川拓司
夢枕獏
愉楽
黄金時代
天使の殺人
ファビアン
プロット・アゲンスト・アメリカ
ゴースト・スナイパー
ジョン・ル・カレ
繊細な真実
汝は T なり
モンタギュー殺人事件
ザ・サークル
神の子
薬丸岳
密室の神話
火桜が根
化土記
平蔵狩り
信玄の首
池波正太郎
べんけい飛脚
山本一力
伊東潤
吉田松陰
大和燦々
秋山香乃
映像道歴
夢を喰らう
私はテレビに出たかった
松尾スズキ
朝露通信
保坂和志
冥の水底
サラは銀の涙を探しに
橋本長道
スターダストシネマ
映画列伝
笑劇全集
講孟余話
幻の京都

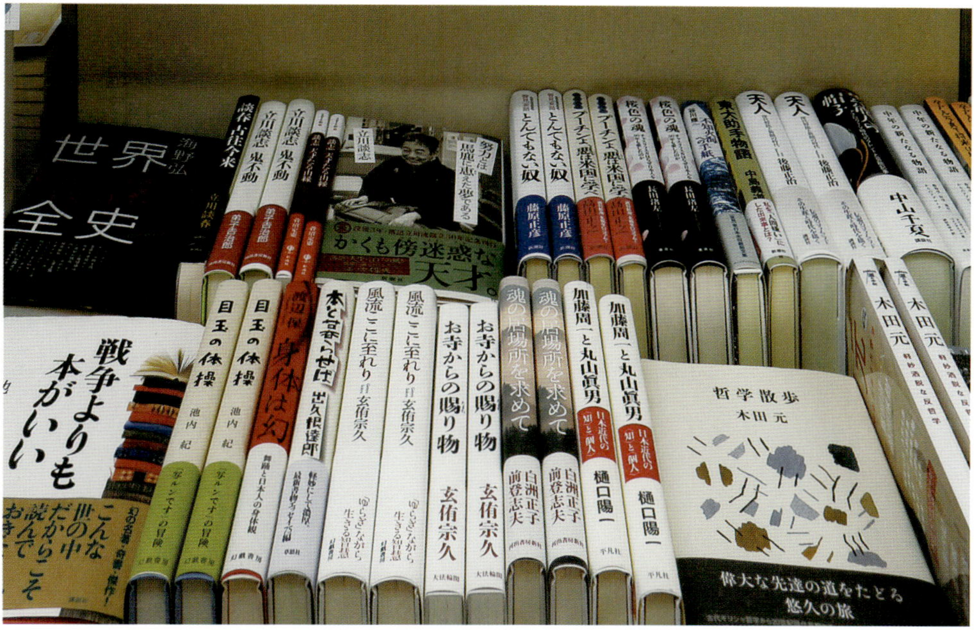
世界全史
海野弘
立川談春
談春 古往今来
立川談志 鬼不動
立川談志
努力とは馬鹿に恵えた夢である
かくも傍迷惑な天才。
とんでもない奴
藤原正彦
プーチェ 悪来団に学ぶ
桜色の魂
天人
中山千夏
戦争よりも本がいい
こんな世の中だからこそ読んでおきたい
目玉の体操
池内紀
身体は幻
本と谷中らせば
出久根達郎
風流ここに至れり
玄侑宗久
お寺からの賜り物
魂の居場所を求めて
白洲正子
前登志夫
加藤周一と丸山眞男
日本近代の〈知〉と〈個人〉
樋口陽一
平凡社
木田元
哲学散歩
偉大な先達の道をたどる悠久の旅

認知の母にキッスされ
明日はわが身
自殺
末井昭
メタフィジカル・パンチ
池田晶子
考える日々 全編
主夫と生活
伊丹十三
内田樹
日本は何を失ったか
吉本隆明の経済学
中沢新一
吉本隆明 講演集 2 日本的なものとはなにか
心と生命について
吉本隆明 講演集 2
意識、心、生命、死生観
反原発異論
吉本隆明
本書は「悲劇の革命家」吉本隆明の
マルクスを読みなおす
徳川家広
筑摩書房
マルクスは本当に「使える」のか?
内田樹の大市民講座

婦人画報
éclat
すき焼き
弁当は人生だ!
和食器のある暮らし
この野菜にこの料理
行正り香の暮らしメモ
あかん飯
オリーブオイル・ガイドブック
ネコの吸い方

イチオシ!
人生は何度でもリセットできる
林真理子

GENROQ

POPEYE
ビジネス書
世田谷ライフ
SHIMOKITA

千代田線代々木上原駅南口を出ると真っ先に目に入るのは幸福書房の雑誌の平台だ。コミック、文庫、文芸書、ビジネス書を揃えた町の本屋さんで、二十坪ほどの売場を店長の岩楯幸雄さんと弟の敏夫さん、それぞれの家族五人で切り盛りする。

一番奥の文芸書の棚はエンタメ、海外文学、時代小説中心で、二冊ずつ棚差しにされた本が目立つ。「本当は全部平積みにしたいけど、できないから」と幸雄店長。平台含め縦七段、横六列の限られたスペースに、つまらない本は置きたくない。だが並べるのはここ三カ月の新刊から選んだもので、既刊や関連書を揃えたり、こだわりを出すことはない。「ごく当たり前の、街の本屋ですよね。好みや主義主張を押しつけるわけじゃないです」。近隣にデザイン事務所があり、建築やデザイン誌が多く並ぶ。その他料理関係の読み物も売れ筋だ。地元在住の林真理子氏がサインをしてくれる「真理子ファンの聖地」でもあり、これまで二千冊以上を売った。

一九七七年に豊島区で開店、一九八〇年より南口店を構える。営業時間は朝八時から深夜零時過ぎまで、元日を除き年中無休。毎朝七時に幸雄さん夫妻が開店準備をし、敏夫さんが仕入れに行く。「仕事してるのが一番楽なんですよね。早くレジに座りたいって思いがあるんです」幸雄店長は穏やかに笑う。尖らない、選びぬかれた本が並ぶ店である。

（２０１５年３月号）

幸福書房
※2018年2月に閉店
東京都渋谷区上原　千代田線＆小田急線代々木上原駅南口前
開業当時の営業時間　午前８時～深夜0時頃　定休日＝元旦

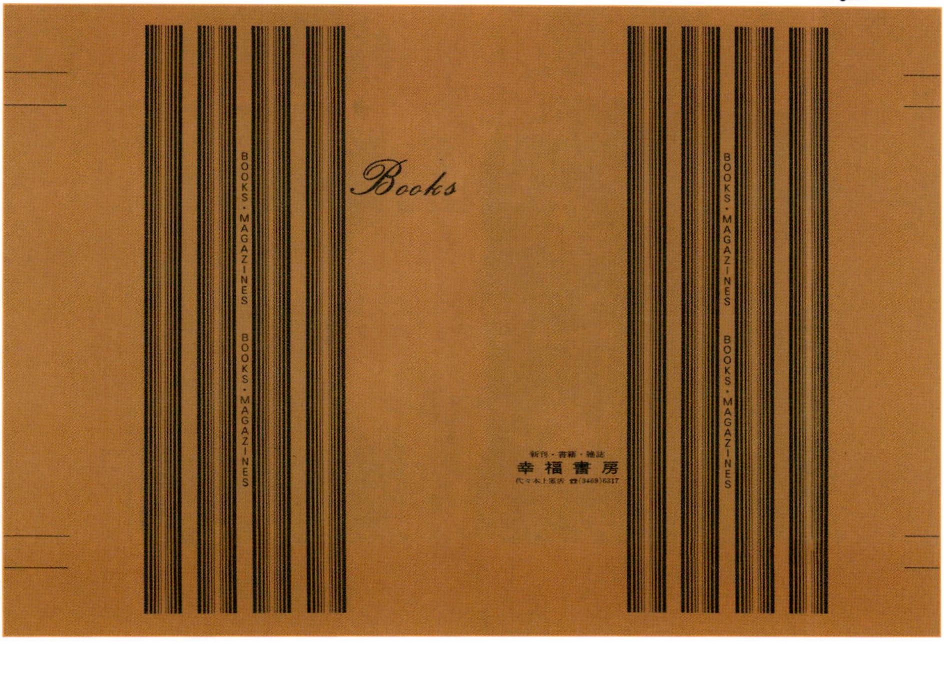

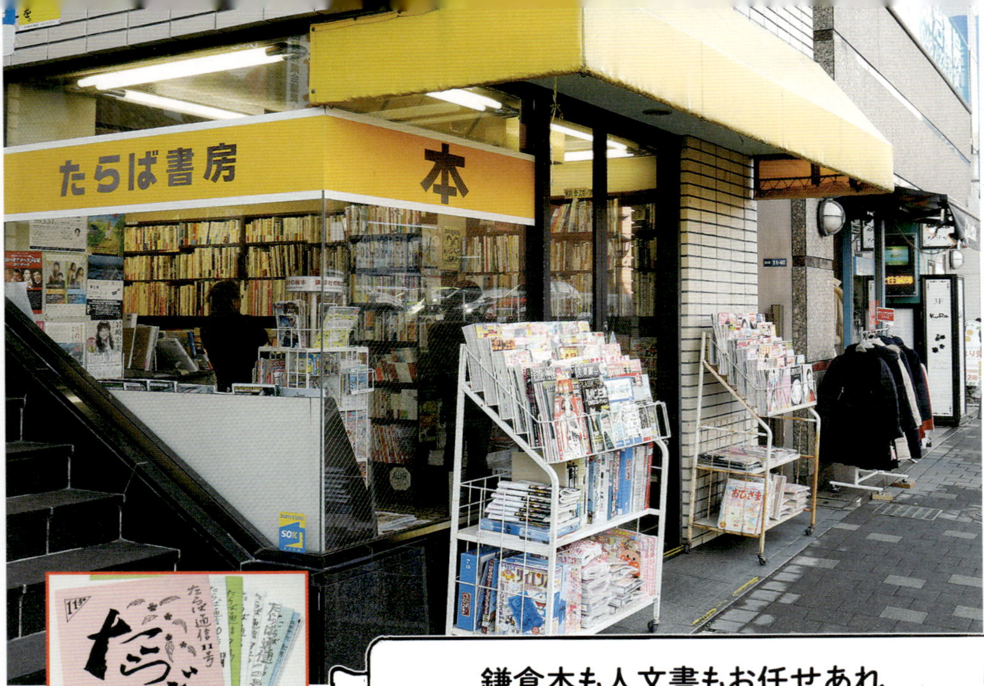

鎌倉本も人文書もお任せあれ

たらば書房

成瀬巳喜男 映画の面影
川本三郎
映画監督 増村保造の世界(上)
映画監督 増村保造の世界(下)
ハリウッド白熱教室
映像遍歴
夢を喰らう
小津ありき
わが恋せし女優たち
天気待ち
沢島忠全仕事
思想的映画論
映画で知る台湾
平田オリザ
小幡欣治の歳月
影の部分
大田尭自撰集成
美の侵犯
偽装された自画像
わが生涯のすべて
佐藤泰志
めぐりあうものたちの群像
岡本太郎
不滅の遠藤実
昭和の作曲家たち
禁断のジャズ理論
朝比奈隆のオペラの時代
パリ・オペラ座バレエ
中欧の現代美術
社会とつながる美術史学
見る悦び
高松次郎を読む
イタリア絵画史
感染症
オルフェウスの声
ホーキング Inc.
とまっていた時計がまたうごきはじめた
セロニアス・モンクのいた風景
特撮美術
成田亨の
清張映画にかけた男たち
西村雄一郎
五社英雄
映画大全
ピサロ
ホロヴィッツの遺産
50の科学

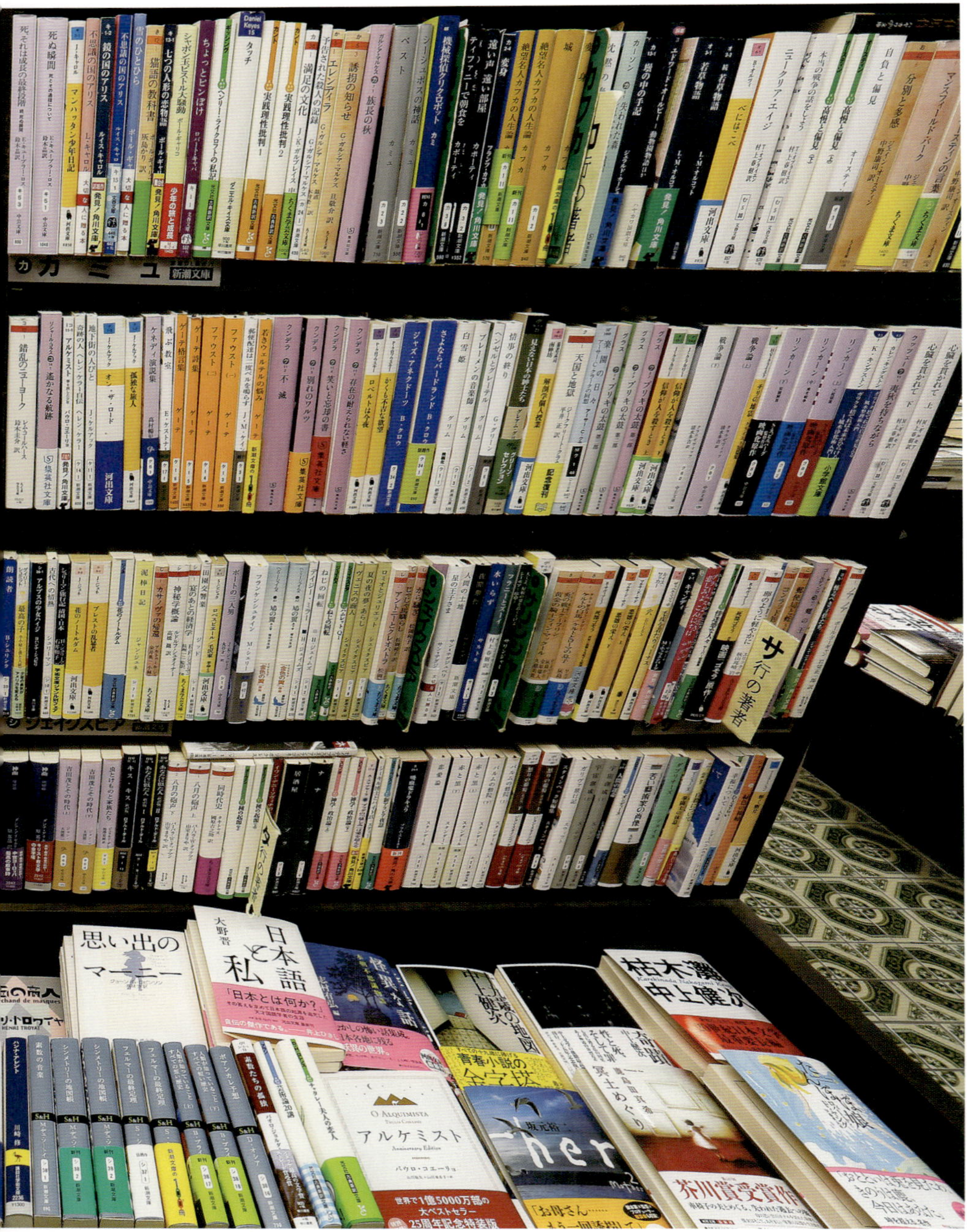
カ カ ミ ュ 新潮文庫
サ行の著者
思い出のマーニー
日本語と私
大野晋
「日本とは何か？」
枯木灘
中上健次
アルケミスト
O ALQUIMISTA
パウロ・コエーリョ
世界で1億5000万部の大ベストセラー
25周年記念特装版
芥川賞受賞作
「お母さん……

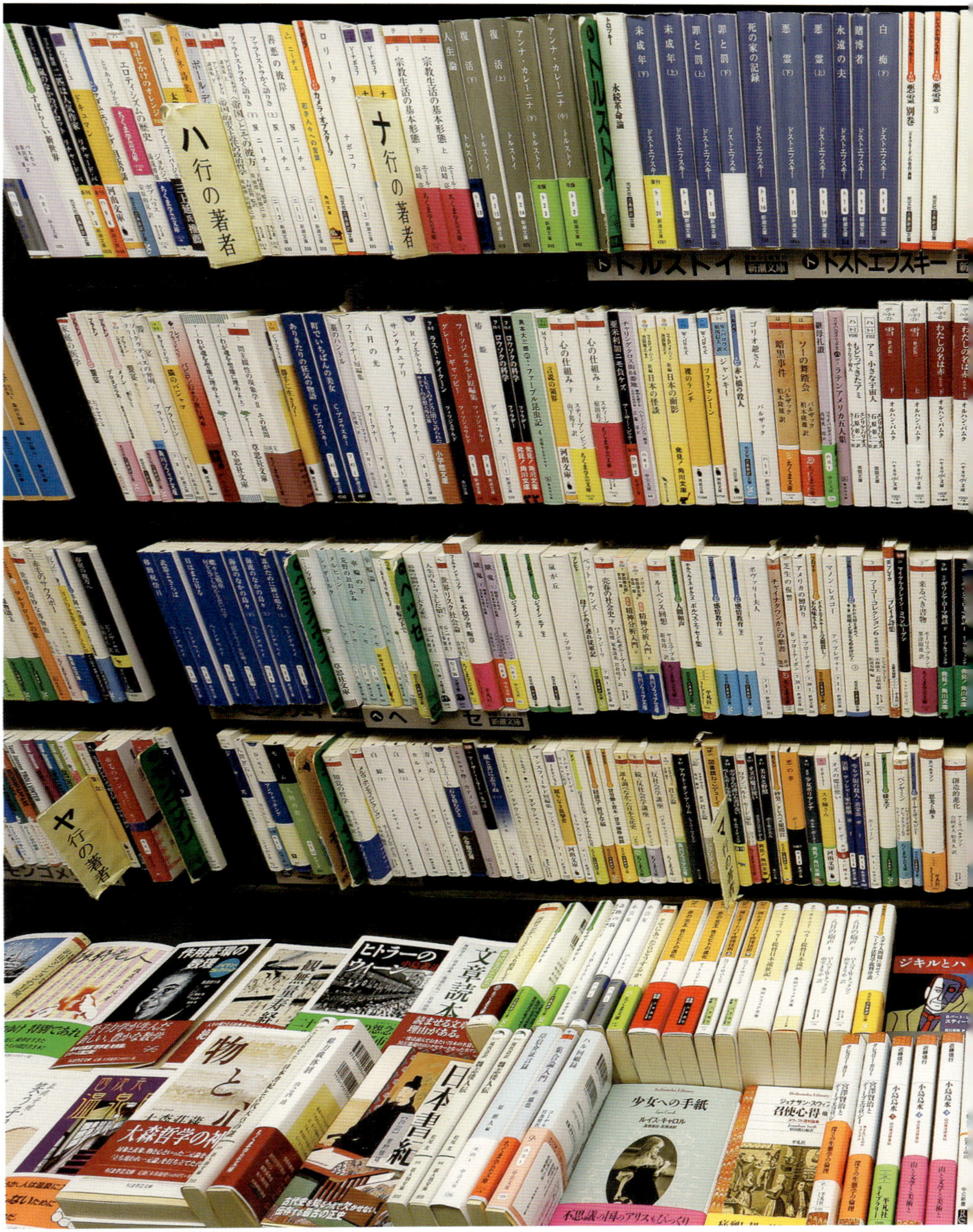
ハ行の著者
ナ行の著者
トルストイ 新潮文庫
ドストエフスキー
ヤ行の著者

イラストレーション
文房具
茶の湯
日本の陶器
美文字女子の
炎芸術
版画芸術
BEAUTY
大人が観たい 世界で一番美しい
ニャーヴル美術館
KOYASAN
橋口五葉
民藝
美術手帖
アート鑑賞、超入門!
ROBOT DESIGN
ロボットデザイン
残酷美術史
11人のプロフェッショナルの仕事から伝える 広告コピーの教科書
地図りんかく画を描く
官能美術史
時間と刃物
紙と暮らす 京の一年
岡崎京子

楽器の歴史
本日入荷
国立競技場
列島が沸いた!

鎌倉古寺歴訪
鎌倉日記
この場所でのケータイの使用はご遠慮ください。

鎌倉駅西口を出て三十秒。小さなロータリーの向こうにたらば書房はある。間口の狭い店頭には雑誌のラックが並び週刊誌やコミック誌が陳列されている。一見すると普通の駅前書店だが、店内に入ると、その予想は大きく裏切られる。左手は雑誌の棚、レジ、そして文芸書の棚と続くが、普通なのはここまで。そこから海外文学、人文、社会科学、岩波文庫とどんどん町の本屋の趣から外れた濃い棚構成になっていく。いわば専門書店化していくのである。だからといって、とがった店でもない。たとえば日本作家の文芸書や文庫は作家名の五十音順に並んでいるから、この店で多い作家は誰なのかが一目瞭然。

レジの前には「今日入った本」と記されたラックがあり、その日入荷した本がノンジャンルで、そこにいったん並べられる。翌日にはそれぞれのジャンルの棚に入れられるわけだが、その際、川瀬由美子店長は「この本はどこの棚に置いたらいいか」をスタッフみんなに聞くという。実は私も取材中に「この本はどこに並べたらいいと思います?」と聞かれた。一九七四年に御成通りに開店して以来四十数年、現在地に移転して三十数年、スタッフ全員で客とともに作ってきた棚がここにある。

（２０１５年４月号）

※手書きでおすすめの本を紹介する「たらば通信」を発行している。

たらば書房
神奈川県鎌倉市御成町11−40Mビル1F　鎌倉駅西口前
営業時間　月〜土9:30−21:00　日・祝10:00−19:00　年中無休

港町でハードボイルドを
ときわ書房本店

船戸文学の極致！
「満州国演義」ついに完結！
満州国の夢破れて70年
日本史上最大の"野望"、その全貌がよみがえる！
今こそ必読の満州全史。
風の払暁 満州国演義1
事変の夜 満州国演義2
群狼の舞 満州国演義3
炎の回廊 満州国演義4
灰塵の暦 満州国演義5
大地の牙 満州国演義6
雷の波濤 満州国演義7
南冥の雫 満州国演義8
残夢の骸 満州国演義9
現代に警鐘を鳴らす大人気シリーズ！
船戸与一「満州国演義シリーズ」全9巻
新潮社
DEADPOOL
本屋大賞ノミネート！
土漠の花
超弩級の大作、ついに発刊！
飯嶋和一
狗賓童子の島
BLACK OR WHITE
ブラック オア ホワイト
浅田次郎
岳飛伝
LIFE ON MARS
火星に住むつもりかい？
伊坂幸太郎
WOLF
柴田哲孝
泡坂妻夫
小島正樹
呪い殺しの村
群像
刑事
相場英雄
リバース
Reverse
精鋭
今野敏
無頼のススメ

時代小説
話題の新刊・ロングセラー
話題の新刊・ロングセラー

国内文芸

当店週間売れ行きランキング
文芸書・ノベルス部門
第1位
第2位
第3位
第4位
第5位
当店週間売れ行きランキング
文庫部門
第1位
第2位
第3位
第4位
第5位

怪奇文学大山脈
エイボンの書
邪神艦隊
クトゥルフ少女戦隊
狂気山脈の彼方へ
無名都市への扉
インスマスの血脈
ユゴスの囁き
ゴースト・スナイパー
ゴーストマン 時限紙幣
インフェルノ
帝銀事件
湿地
緑衣の女
薔薇の名前
禁忌
ハリー・クバート事件
北京から来た男
物語の法則
映画の四日間
旋舞の千年都市
月の部屋で会いましょう
モノグラム殺人事件
ハーフ・バット
高い窓
繊細な真実
ミステリウム
隅の老人
THE OLD MAN IN THE CORNER
服用禁止
五枚目のエース
エピローグ
魔人
閉ざされた庭で
黒い蘭
レイナムパーヴァの災厄
Quick Japan
QUANTUM AND WOODY!
The New Frontier
SIEGE
INCAL
BEFORE THE INCAL
「アンカル」前日譚
ウォーキング・デッド
バットマンになる!
スーパーゴッズ
有害コミック撲滅!
スーパーマン
Ablutions

　JR船橋駅南口を出てロータリーを左に一分、いつの時間も人の行き来が激しい駅前通りにときわ書房が店をかまえて五十年になる。創業当時は十数坪だった売場も四十坪弱×三フロアに増床。現在は一階と二階が書籍フロアで三階がレンタルとチケットぴあのカウンター。一階は雑誌のほか文芸、文庫、新書、ビジネス、コンピュータ関連の本が並び、二階にはコミック、ライトノベル、実用書、地図旅行、語学関連が並ぶ。学参類や児童書は北口のヨーカドー店に置いてあるので、本店では扱いがない。

　入口の左手に二階まで届く背の高い面陳棚が立ち、売りたい文庫がどかどかと表紙を見せて並べられている。そこから店内奥まで続く文庫の棚の上には作家の肉筆色紙がずらーっと並ぶ。池上永一、飯島和一、乙一、北村薫、北方謙三、桐野夏生ら、エンターテインメントの大物作家ばかりだ。ちなみにときわ書房の売上げランキングに並ぶのもミステリーと時代ものがほとんど。平日夜型の店で、男性客が圧倒的に多いため、「お客さんに合わせていったら偏った品揃えになった」と文芸担当の宇田川拓也氏は笑う。ただいまのイチ押しは船戸与一〈満州国演義〉の全巻サイン入り九巻セット。一万七千七百円（本体）で分売不可だが、すでに三セットも売ったという。以前より女性客が増えたというが、まだまだ男くさい書店なのである。

（２０１５年５月号）

ときわ書房本店
千葉県船橋市本町4－2－17　JR船橋駅南口から徒歩1分
営業時間：1F・2F ／9:00－24:00　3F レンタルフロア／10:00－24:00

ホームページ　ツイッター

アート系&趣味本に強い

BOOKS りんご屋 清澄白河店

話題の本
地球の教科書
進化とは何か
コンピュータは数学者になれるのか?
数学BEST100難問
コカイン ゼロゼロゼロ
かわいい仏像 たのしい地獄絵
世界教育戦争
メガ!
人類最高の発明である都市は
死の秘密
忍者の教科書
逆の地政学
資本主義
世界は危機を克服する
絶対に行けない世界の非公開区域99
250点の写真・地図で、立ち入り禁止エリアに潜入!
円山町
渋谷
航海の歴史
悩むな考えよ。
小説
新論
清閑の暮らし
グローバリズム病
平川克美
現代の超克
街場の戦争論
仕事
東京右半分
コーラン
イスラム国
推薦!
An Astronaut's Guide to Life on Earth
Chris Hadfield
美貌格差
天才たちの日課
フューチャー・オブ・マインド
心の未来を科学する

男の子のお話
女の子のお話
のりもの
ABC &123 カード
にっぽんの図鑑
世界の国旗
うちの子が泣いてるワケ
子育ては心理学でラクになる
親は子どものメンタリスト!
フランス人は子どもにふりまわされない
未来のイノベーターどう育つのか
母と子のおやすみまえの小さなお話
日本のどうわ
世界のどうわ
子供はみんな天才
赤ちゃんの名前事典
女の子の名前事典
男の子の名前事典
幸せ名づけ事典
しあわせ名前事典

暮らしを、整える
日曜日の風景
DESIGN HOUSE
Interior Shop FILE vol.11
LIGHTNING HOUSING
イケア・無印良品・ニトリのインテリアと収納 モノトーンスタイル
無印良品のベストアイテム
素敵な暮らし&アイデア実例
BEST OF MUJI
無印良品のベストアイテム
素敵な暮らし&アイデア実例
BEST OF MUJI
ku:nel
最高の部屋づくりベストアイデア
収納教室
住宅・インテリアの教科書
安らぐ家は間取りで決まる
木材加工面がわかる樹種事典
ピラミッドの建て方
日本のこよみ koyomi

ポール・ランドのデザイン思想
杉浦非水のデザイン
指を置く
Putting finger
かわいい仏像たのしい地獄絵
デザインマネジメント
ザ・ルック・オブ・ビジョン
ジョナサン・アイブ
路上の芸術
アイデア
世界アート鑑賞図鑑
ART
完璧に設計され、これ1冊ですべてがわかる最適な美術ガイド
紀元前から現代美術まで1100点以上のカラー写真
デザインで地域を元気にする、
プロジェクトと仕掛人たち
スカル
アラン・ダドリーの驚くべき頭骨コレクション
サイモン・ウィンチェスター
REAL BONES
骨格と機能美
進化がデザインした究極の形。
クローズアップ人体のしくみ図鑑
THE HUMAN BODY CLOSE-UP
完全保存版
頭骨図鑑
透明標本
透明標本Ⅱ
これは、美しき透明標本の第二章。
水と魚のものがたり。
寺田克也ココ10年
KATSUYA TERADA 10 TEN
エロティック・ジャポン
日本のエロス的イメージ!
融けるデザイン
世界で一番美しいレントゲン図鑑
Nick Veasey
驚異の部屋へ、ようこそ
新宿ダンボール村
形態は感情にしたがう
ハルトムット・エスリンガー
スティーブ・ジョブズのパートナーとしてアップルの変革を支えたハルトムット・エスリンガーのデザイン戦略
不思議で美しい石の図鑑
なぜ人は、はるか遠い昔から、石に魅せられ続けてきたのか?
美しい鉱物と宝石の事典
THE Elements
元素図鑑

東京駅
丸の内
さんぽ
お江戸東京下町
門前仲町Walker
おとなの流儀
足立区
おいしい洋食の店
江東区
築地
初めて描かれた
築地魚市場の全貌
築地
初めて描かれた
築地魚市場の全貌
築地
最後の築地
完全ガイド
たまらねえ場所
築地魚河岸
「築地の常識は、
世間の非常識」
築地で働く男たち

相撲観戦入門
平成26年
大相撲年鑑
公益財団法人
幕内在位全56力士
個人別星取付き総評
大相撲ぴあ
鶴竜 逸ノ城
NHK G-Media
大相撲ジャーナル
大相撲の心技体
大相撲
歴代名横綱全員集合
大相撲裏面史
櫓太鼓
TO
踊れ!墨田区
Discover Japan
大相撲
入門
相撲
相撲大事典
日本相撲協会が全項目を検討した、
日本初の本格的相撲事典!!
わくわく
大相撲ガイド
わくわく
大相撲ガイド
わくわく
大相撲
ガイド
火ノ丸相撲
火ノ丸相撲

半蔵門線と都営大江戸線の清澄白河駅から徒歩一分、清洲橋通りに面したマンションの一階にBOOKSりんご屋はある。二〇〇三年に開業。入口の左右に雑誌のラックが並ぶ。一見、町の本屋さんだが、店内の至るところに普通ではない工夫が見つかる。入ってすぐ右手のフェア台で展開中なのは大相撲フェアで、カウンター横の棚には江戸・東京関連書が雑誌から新書・文庫までぎっしり並んでいる。カウンターの正面は「話題の本」と銘打たれた棚で、人文・社会系を中心に文芸書、自然科学系まで、セレクトされた新刊が店のカラーを押し出している。デザイン系や美術・出版関係の棚が充実している一方、ミリタリーやガンプラなどマニアックな趣味の本も揃っている。

三十坪にしてはゆったりした店内のあちこちに一風変わった棚（什器）が置いてあるのも目を引くが、なんとこれは平林敏夫店長（当時）のお手製。新書の棚も美術書の棚も絶景本を横面陳（？）にした棚も、すべて手作りなのである。圧巻は面陳棚を一段つぶして棚を渡し関連書を並べるようにした雑誌棚で、結果として女性誌から趣味実用誌まで、すべての雑誌の関連書が一堂に並んでいる。本体価格六百八十円の『100円雑貨の便利帖』を立ち読みしようとして、ふと目に入った四千八百円の『植物図譜の歴史』を買ってしまうかもしれないのだ。町の本屋さんはあなどれないのである。

（2015年6月号）

BOOKS りんご屋清澄白河店
東京都江東区白河1−2−10
半蔵門線・都営大江戸線の清澄白河駅から徒歩 1 分、清洲橋通り沿い。
営業時間　月〜金・日・祝　11:00−20:00　　土　10:00−20:00

ホームページ

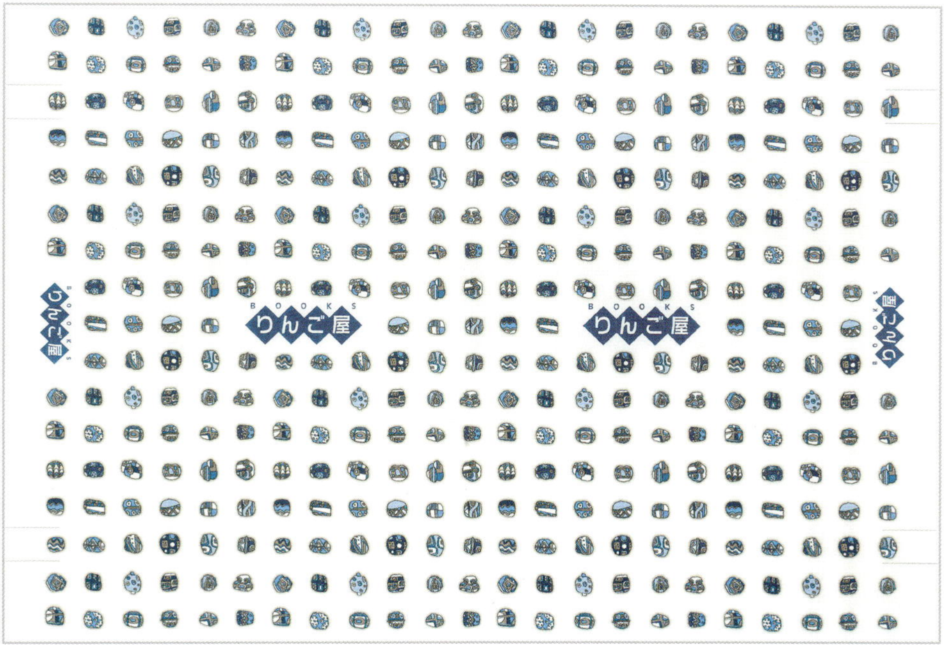

リニューアル

並ぶ本の文脈が圧巻
スタンダードブックストア心斎橋

PAPER SEA
LEATHER JACKET
ふだん着
ロードバイクオールカタログ2015
ヘビーデューティーの本
THE CAMP STYLE BOOK
2010-2015 ARCHIVE
完全保存版
Coyote
Road to Hawaii
Surftrip
一生に一度は行きたい旅先
男の収納
テーマは"見せる"収納
HEADZ
Style is Everything
ROLLER
#14

LIVES
30代、僕たちらしい家と暮らし
FIFTH AVENUE STYLE
CRUISING IN STYLE
DESIGN BROOKLYN
SOUTH AFRICAN TOWNSHIP BARBERSHOPS & SALONS
BRUTUS
特別編集
居住空間学
Casa BRUTUS
都市型住宅に住む
ML MODERN LIVING
北欧インテリア特集
日本の家に似合う北欧インテリア
PLUS 1 Living
自分流ナチュラルライフはじめよう!
Interior for Healthy Life
DECO
美しい120
123人の家
123
86
FIGARO japon
マイルームの作り方。
東京スイーツ最新案内。
DISPLAY + SPACE
ARCHIVES 02
WORLD SHOP STYLE

建築散歩
休日のお出掛けは建築を眺めに。
街を見る目も変わります。
D.I.Yの本
住宅

さようなら ヴォネガット
カート・ヴォネガット・メモリアル・ライブラリーグッズ
カート・ヴォネガット
GOODBYE BLUE MONDAY
レーモン・クノーとボリス・ヴィアン
サン＝ジェルマン＝デ＝プレ界隈の作家たち
公然たる敵
泥棒日記
Histoire de l'oeil
悪の華
はい、チーズ
Kurt Vonnegut
カート・ヴォネガット
ロスト・ジェネレーション
冬の夢

毛深い闇
COLOR
KAELA KIMURA
星野源 雑談集1
蘇える変態
完全復活。

大阪市営地下鉄御堂筋線のなんば駅か心斎橋駅から徒歩約五分。大通りから五十メートルほど入った場所にスタンダードブックストアはある。二〇〇六年に開店した関西屈指のセレクト書店である。

一階が百坪、地下が併設のカフェを合わせて百六十坪。一階の棚は入口正面に面陳された「SWITCH」などのカルチャー誌に始まり、ファッション誌、音楽&映画関連書、コミック、人文書がゆるやかに連なりながら奥のレジへと続く。レジから右へ入った一角には、大竹伸朗や森山大道らの美術書がおさまる。地下は全体の半分ほどのスペースに料理書や旅行書、文芸書が並び、残り半分を文具などの雑貨とカフェが占める。

広い店内のあちこちにTシャツやバッグ、時計、食器といった雑貨が置かれているのが目を引く。と書くと、ヴィレッジヴァンガードのような店を想像しそうだが、見ての通り実際はかなりシック。木製棚に落ち着いた照明、取材時のBGMはボブ・ディランだった。つい長居したくなる居心地の良さだ。しかも店内の本はカフェに持ち込み可というから驚く。

カルチャー系書籍に強い店である。中川明彦専務は、この棚作りを「お客さんの嗜好に合わせていった結果です」と言うが、同時にここからは「本屋ですが、ベストセラーはおいてません」と謳う店のユニークな姿勢もうかがえるのだ。

（２０１５年７月号）

※２０１７年にリニューアル、現在は地下フロアで営業。

スタンダードブックストア心斎橋
大阪市中央区西心斎橋2－2－12　クリスタグランドビルB1F
地下鉄御堂筋線心斎橋駅、なんば駅から徒歩約５分
営業時間11:00－22:30　年末年始休

ホームページ　ツイッター

『陸王』も行田が舞台
忍書房

忍書房

のぼうの城

忍城下平成名所図会
NHK テキスト
2015

石田三成
「のぼうの城」の
小田原城
神奈川
忍城
埼玉
大勢といえども攻め落
水攻めに致すべきか
忍城下写真物語
花鳥雪月心
森田ひろし作品集
忍城下平成名所図会
「のぼうの城」に見る
リーダー論
河合敦
城は落ちなかった!
新編武蔵風土記
新編武蔵風土記稿
のぼうの城
和田竜
オリジナル脚本完全版
本屋大賞受賞作者が魅せる
脚本家・和田竜
冬の本
田舎教師
田山花袋
のぼうの姫
高橋ナツコ
中世武蔵人物列伝
関東の名城を歩く
関東に大王あり
古田武彦
名は惜しめども
北澤繁樹
あなたの知らない
埼玉県の歴史
山本博文
歴史新書
県名が「埼玉」となった由来は?
埼玉の謎学
埼玉化する日本
中沢明子
水と闘う地域と人々
江戸三〇〇藩物語
山本博文
黒髪の太刀
戦国姫武者列伝
東郷隆
文春文庫
歩いてわかる!
江戸城の秘密
原史彦
城跡の散策が10倍楽しくなる!
洋泉社
髪かざり
山本周五郎
和田竜
ベスト本!
太田光
11月2日(金)全国公開
野村萬斎
犬童一心×樋口真嗣

地図・旅行
地図
栃木・群馬・茨城
本当に旨いラーメン屋はここだ!!!
ラーメン探検隊と編集スタッフが車を飛ばし、3つの県を徹底的に食べ歩くこと4カ月。とにかく食べました!走り回りました!そして選びに選んだラーメン屋さん100店がここに集結!
幹書房
ふるさとを埼玉を読む ─さきたま出
おでかけパン
パンを探しに旅に出よう 東京 関東近郊66店

山と高
関東平野を囲む山々
栃木のいで湯ハイク60
南会津・鬼怒の山50
那須野ケ原の疏水を歩く
とちぎ農作物はじまり物語
私が登った群馬300山 上
私が登った群馬300山 下
上毛新聞社
東京みちくさ猫散歩
歩く歴史道ガイド 東京・横浜幕末維新さんぽ
サバイバル登山入門
服部文祥
狩猟サバイバル
サバイバル登山家
生きのびる経験
百年前の山を旅する
鉄道そもそも話
空のプロの仕事術
鉄道 旅三代記
「夢の超特急」誕生
碓氷峠を越えたアプト式鉄道
伝説の鉄道記者たち
鉄道そもそも話
車両を造るという仕事
途中下車で訪ねる駅前の銅像
こんなに違う通勤電車
日本の空はこう変わる
よみがえる鉄道文化財
街場の大阪論
るるぶ情報版
石垣 宮古
香港・マカオ
パリ島
グアム
ホノルル
ニュージーランド
ケアンズ・ゴールドコースト
&TRAVEL 京都 2016
Sweet 恋するハワイ 2015/2016
トリコガイド
ハワイ
グアム
ハワイ本 オアフ最新2016
グアム本 最新2015
ソウル本 最新2015
新幹線50年の時刻表
魂の鉄道写真
国鉄列車遺産
JR鉄道車両コレクション PLUS
いざ城へ
鉄道で旅する美しき日本
東武鉄道の世界
湘南色
横須賀色
四国遍路と巡礼の旅
散歩の達人
女子旅行
東京ビアグルメ
鎌倉・江ノ電さんぽ
広島・宮島さんぽ
北陸さんぽ
大阪さんぽ
信州さんぽ
京都さんぽ
伊豆さんぽ
東京さんぽ
東京駅 丸の内・八重洲さんぽ
日帰りふる里さんぽ
交通新聞社
YOKOHAMA Walker
ジモト飯442品
ハワイ
2015 HAWAII
詳細地図で

いのちの森を生む
木を植えよ!
多種共存の森
職漁師伝
かもめのジョナサン
いまをどう生きるのか
ゆるやかな生き方
孤独の力
退屈のすすめ
余命
生きるヒント
林住期
杖ことば
生きる勇気 死ぬ元気
弱き者の生き方
今日も明日も上機嫌

坊主失格
仏教が好き!
冬の本

埼玉の謎
埼玉あるある
埼玉県
関東に大王あり
ライバル対決
のぼうの城

武蔵の古代史
埼玉ルール

秩父鉄道行田市駅から徒歩七分、「のぼうの城」で全国に名を轟かせた忍城から徒歩五分、市役所にほど近い、行田市の中心地に忍書房はある。創業は一九四九年。現店長の大井達夫さんのお父さんが、現在より駅寄りの地で四坪の小さな書店を始めてから六十数年が経つ。現在地に移転してきた当初も十坪程度だったが、道路側を買い取ったり、隣で営業していたスナックの跡地を店舗スペースにしたりして、三十坪弱に拡張した。入口を入って右側、子ども連れが絵本の読み聞かせができるようにとテーブルと椅子を置いたコーナーがスナックの跡だ。

　大井店長は何を隠そう、月曜から金曜までは都内の出版社に勤めている兼業書店員である。金曜日の夜に出店して月曜日の早朝に行田を発つ。先代の没後はお母さんとお姉さんの渡邉誉子さんが切り盛りしてきたが、二〇〇四年にお母さんが亡くなったのを機に大井さんも家業の手伝いを始めることになった。土日書店員になる前は休日は山登りばかりしていたほどの山好きなので、店の奥の棚には山の本が並んでいる。山田風太郎も好きなので、全部置いちゃえ、とちくま文庫の全集ものなどは箱のまま並べている。「のぼうの城」以降、郷土ものが伸びているそうで、地元関連書籍には力を入れている。町の本屋風であるが、売りたい本ばかり揃えているセレクトショップなのである。

（２０１５年８月号）

忍書房
埼玉県行田市忍2−18−6　秩父鉄道行田市駅から徒歩7分
営業時間　10:00−20:00　年中無休

ホームページ

永遠の定番
リブロ池袋本店

2015年7月に閉店

フランス 5271
フランス・イタリア 5272
スペイン・ラテンアメリカ 5273

リブロ池袋本店が選ぶ
話題の文芸書
なりたい
畠中恵
水曜日の凱歌
乃南アサ
三浦しをん
最新刊
『あの家に暮らす四人の女』

MAPS
ごんぎつね・てぶくろを買いに
シリーズ累計15万部
悪夢ちゃん
太平洋戦争
ぼくらが1945年にタイムスリップ！
おしえて！さかなクン
赤毛のアン（上）
完全版
ごんぎつね・てぶくろを買いに
きまぐれロボット
大きな森の小さな家
しっぽをなくしたイルカ
ルパン対ホームズ
モーリス・ルブラン 作
クマ・トモ
星のカービィ
坊っちゃん
南総里見八犬伝
新訳 アリス シリーズ
アナと雪の女王
姉妹の愛に
パーティー編集部っ！

朝
ジュニア
空想科学読本
男子にも女子にも大人気!
シリーズ累計①～⑤
20万部突破!!
旅猫リポート
若草物語
『赤ずきん』のオオカミの口ってどれくらい大きいの?
空想科学読本
日常

あまから人生相談
マツコ・デラックス
三谷さんの「定番」
山根基世さんが選ぶ
フランス女性の働き方
究極の文房具カタログ
永遠のバイブル
高峰秀子 かく語りき
正直
松浦弥太郎
どこへでも行く。
赤ちゃん教育
子どもはみんな問題児。
「学力」の経済学
もう一度学ぶ日本語
日本語の再発見
大和言葉
働く女性の感情整理術
職場は理不尽の宝庫だ!!
感情整理のルール
女を磨く!
キミの目が覚めたなら
疲れない身体をつくる本
やせる生活
これ、食べていいの?
やせる食べ方
ミーちゃんブック
FAN BOOK
夏の京都
PARIS CINEMA
タマちゃん
the Onion
SUPER BEAUTY SWEETS
HIROKO'S
DAILY STYLE BOOK

リブロ池袋本店
歴代スタッフが選ぶ
今も心に残るこの一冊
LIBRO 池袋本店
おかげさまで売切、コメントだけでも！
おかげさまで売切、コメントだけでも！

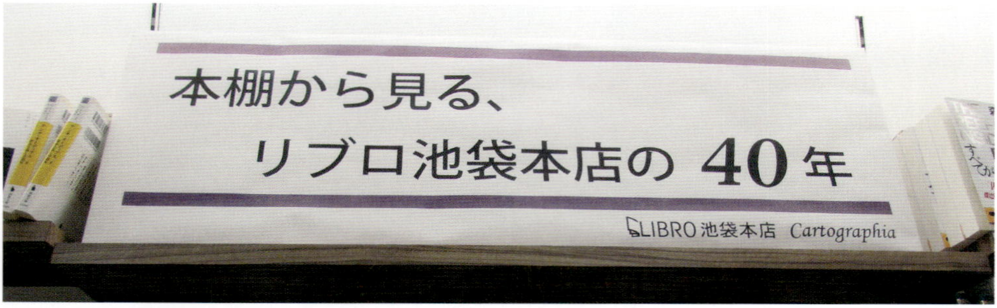
本棚から見る、
リブロ池袋本店の 40 年
LIBRO 池袋本店 Cartographia

1988年
1990年

1976年

1996年
1997年

2003年

1977年

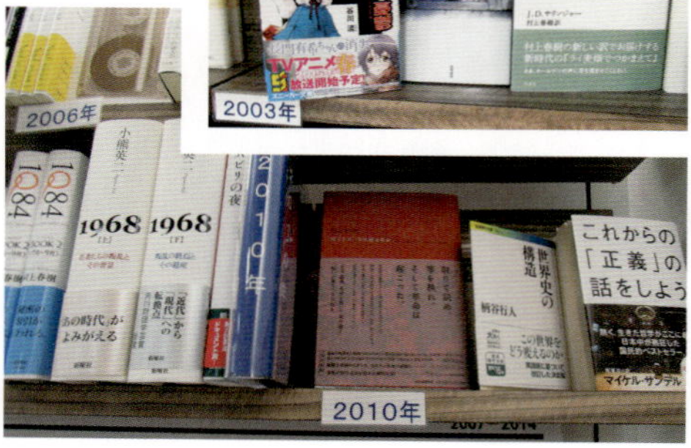
2006年
2010年

1980年
1983年

黒田博樹
決めて断つ
ぶれないために大切なこと
55万部突破
「体幹×チューブ」で理想の体を手に入れる。
オリジナルチューブ2本付き!
長友佑都 体幹×チューブトレーニング

週間ベストセラー
1位
2位
3位
4位
5位
6位
7位
8位
9位
10位

『日々』のごちそう帖
LIBRO
「日々」のごちそう帖
飛田和緒の魚料理
細川亜衣の野菜料理
坂田阿希子の肉料理
高橋良枝の昭和のごはん

OZ TRIP
meet JAPAN
Premium
Premium
ku:nel
ku:nel
夏Walker
花火
dancyu
ライフカレー
dancyu
ライフカレー
花火ぴあ
夏ぴあ
池袋本
夏Walker

REVUE DE LA POESIE ACTUELLE
VOU
97
演劇特集
詩とコント

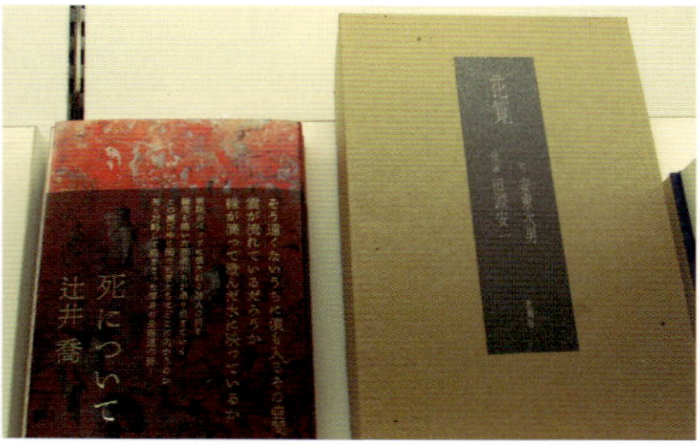
死について
辻井喬

この本知ってますか？
小さな出版社
・
地方の出版社
＝地方小出版流通センターフェア＝

書店にとって美とは
リブロ池袋店なにか
の40年掲載
LIBRO
本の雑誌
オール讀物

『本を読むときに何が起きているのか』（フィルムアート社）刊行記念
山本貴光さん選書フェア
読むとはどういうことかしら
——読書（人間×書物）という不思議の国《ワンダーランド》のめぐり方

一九七五年の開業（当時は西武ブックセンター）以来、先陣を切って日本の書店文化を盛り上げてくれたリブロ池袋本店。積極的に人文書を推すなど個性際立つ売場作りは数々の文化を生み、出版業界の枠を超えて与えた影響は計り知れず。児童書売場のわむぱむや、書店内書店ぽえむ・ぱろうるに思い入れのある人も多いだろう。本の雑誌はリブロ池袋本店の最後の一日を取材した（２０１５年９月号に収録）。ここにはその日の風景を収録する。５フロア合わせて千五十坪の大型店。円柱に描かれているのは閉店を惜しむ作家たちの寄せ書きだ。

リブロ池袋本店
※2015年7月20日閉店
豊島区南池袋
JR&東京メトロ&西武&東武各線の池袋駅すぐ
開業当時の営業時間
10：00〜22：00　不定休

達!

隆祥館書店の配達自転車。
心斎橋～京橋あたりを走ってます。

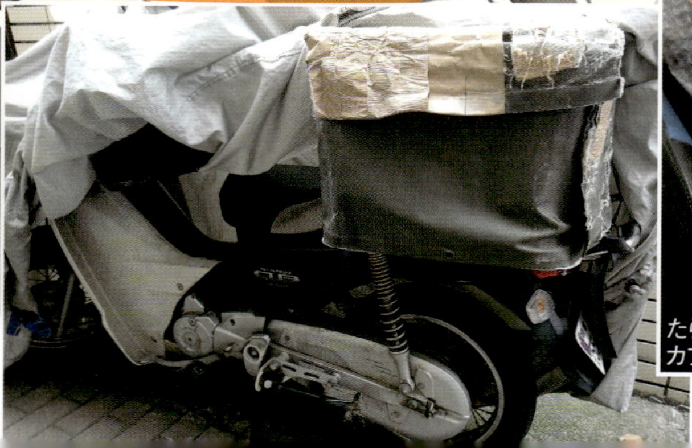

たらば書房のスーパーカブは雨除け補強。

女性誌発売日の山陽堂書店。

第2章 配

往来堂書店の配達自転車

イチオシ本は数百冊の販売力

隆祥館書店

まっぷる
るるぶ
淡路
歴史た
神戸
超詳細!
京都さんぽ地図
文庫地図
京都
神戸
大阪24区
大阪
昭文社

スポーツ・競馬・競艇
GoodsPress
GetNavi
BRUTUS
Discover Japan
Begin
SEVEN
自遊人
Precious
CLUTCH
Rugby
Tennis
Casa
GAUDI
Surftrip
SCREEN
MonoMax
公募ガイド
Choice
ランニング
男
ハワイ本
剣豪
MADURO
GOETHE
OCEANS
本日発売

著者名で五十音順に並べています
光文社新書
評価と贈与の経済学
内田樹
岡田斗司夫
新潮新書
知恵の森文庫
中島京子
夏目漱石
梨木香歩
乃南アサ
平野啓一郎
林真理子
東野圭吾
百田尚樹
平岩弓枝
村上

海外・実用文庫
文芸書
読書をしよう!

ノンフィクション
ノンフィクション

twitter始めました
アカウントは、
「ryushokanbook」です
宜しければ、ぜひ
フォロー一お願いします
イベント情報

中学参
小学館の図鑑 NEO 植物
小学館の図鑑 NEO 花
小学館の図鑑 NEO 動物
小学館の図鑑 NEO 昆虫
げんきの図鑑
よのなかの図鑑
くふうの図鑑
大図解
男の子に贈りたい名作
科学館
火星
SUPER 理科事典
おえかきしりとり
地図で知る 日本こども図鑑
人体大図鑑
子供の育て方
10歳までの「読書量」で決まる!
「本」こそ最高の知育教材です!
ピリギャル家族の真実
子どもへのまなざし
続 子どもへのまなざし
完 子どもへのまなざし
絵でわかる感染症
生きる力、絵本の力
日本の行事
空想科学読本15
科学的にもすごいマンガ
「自分で考える力」が育つ 親子の対話術
ちゃんと泣ける子に育てよう
わが子をよい子に育てたい
ダイヤモンドより平和がほしい
もしも学校に行けたら
君たちはどう生きるか
道徳の話
自由自在 理科
自由自在 数学
自由自在 英語
自由自在 社会
自由自在 国語
黒魔女さんが通る!!
世界の国ぐにクイズブック
新版 ハイクラステスト

地下鉄谷町六丁目駅の七番出口を上がると、道路を挟んだ向かいに隆祥館書店はある。一九五一年開店というから、二〇一八年で六十七年目。親子二代にわたって、地元谷町の人々とともに歩んできた書店である。十三坪と決して広い店ではないが、どの本も店主の厳しい目で選ばれたものであることは、店内のあちこちに立つ手書きの熱いPOPを見ればわかる。

入ってすぐ正面の棚には『MAPS』『どうなる大阪』といった書籍が面陳され、「言葉の力　活字の力が人々の心を支えた」と書かれたパネルが置かれている。右を向くと、力を入れているというノンフィクションのコーナー。並ぶのは、江弘毅ら関西の書き手の本、飲食関連書、内田樹、小出裕章など。そこから奥へ、雑誌、実用書、文芸、マンガと続いていく。

とりわけ目を引くのが、レジの後ろにぎっしり詰まった取り置き本の束だ。なんと常連客（百人以上！）が買う雑誌やシリーズ物を記憶していて、あらかじめストックしておくのだとか。「職業病です」と二村知子店長はこともなげに笑うが、何十年もこれを続けるのは生半可なことではない。「父がそうだったように、小さい店だからこそお客さん一人一人との会話を大切にしたいんです」と二村さん。店主の好奇心と誠実さが棚に溢れている。こんな店で熱烈推薦される本は幸せだ。

（２０１５年９月号）

ホームページ　ツイッター

隆祥館書店
大阪市中央区安堂寺町1－3－4　安堂寺Rタワー1F
地下鉄谷町線、鶴見緑地線谷町六丁目駅から徒歩1分
営業時間　月～土 8:30－22:00　日・祝 10:30－20:00　年中無休

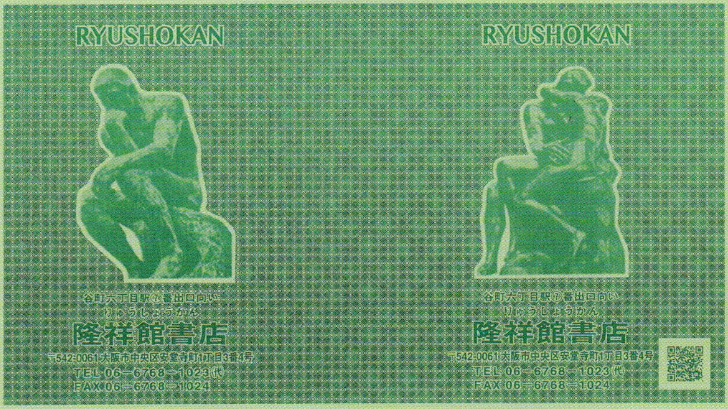

手の込んだ仕掛けを楽しむ

中目黒ブックセンター

すごい
おじさん
集めました。
文芸社文庫
草思社文庫
高田純次
適当教典
祝100万部!!
太宰治
落語は人間の業を語る!

リライト
リビジョン
リアクト
中目黒ブックセンター様
悪鬼のウイルス
サイン本

俺と疲れ!!
新幹線のすべて
種牡馬事典
アドレスで変わる!
「めんどくさい」をやめればミスショットが減る
記憶はゴルフの大きな才能だ!
世界のゴルフ史
ツアー観戦を100倍楽しむ ゴルフトリビア
「牌効率」入門ドリル76
麻雀強者の「強さ」の秘密
統計で勝つ 麻雀
逃れ将棋
馬券の現場力
買っていい馬 イケない馬
賭け
錦織圭

奇妙な話はお好きですか？
読み心地が不思議なお話が好きな方、必見の書です。
『世にも奇妙な物語』スキーさんにもおすすめ！
掛違えたボタンのように
全てが狂っていく・・・
「こんなはずじゃなかった」と誰も彼もが凄まじい勢いで
人生を詰んでいくのは、もう壮観ですらある。
しかし追詰められた人間とはそういうものなのかもしれない。
周りが見えなくなり他人の声も聞こえず被害者も加害者も
独りであがき転がり落ちていく姿を、
著者は見事に書ききっている。
ストーカー法ができる前に書かれた狂気の物語は、
時代を感じるが故にリアリティが強い。
夢にうなされないように、眠る前に読むことはお薦めしない。
あなたとワルツを踊りたい
栗本薫
ハヤカワ文庫JA 本体700円＋税
愛は怖い
ぶっちぎりのスピードで一気読み
キュートで極上のラブコメディ
想像ラジオ
いとうせいこう
第1位！
ジャイロスコープ
伊坂幸太郎
初 文庫オリジナル短編集
こんなに面白い小説が何十年間も読めなかったなんて信じられない
やっと手に入る！
昭和の人気作家獅子文六のユーモア恋愛小説。古書店では高値で取引される名作が待望の文庫化!!やっと読める幸せ
獅子文六『コーヒーと恋愛』ちくま文庫
夜の国のクーパー
伊坂幸太郎
荒地で遭遇した一人と一匹。
夜の国のクーパー
伊坂ワールド全開の傑作
待望の文庫化！
伊坂幸太郎
これは猫と戦争と、そしてなにより、世界の秘密のおはなし。

私服警備員巡回中

東急東横線・地下鉄日比谷線の中目黒駅出口を左に出て自由が丘方向に一分ほど歩くと、パチンコ屋の隅に二階へ上がる階段が見える。この階段を上った先が中目黒ブックセンターだ。入口は狭く目立たないが、一歩足を踏み入れると、通路がゆったりしていて棚の高さも適度だからだろう、百五十坪とは思えないほど広々とした空間が眼前に広がる。入ったところがビジネス書の新刊台になっている線路側と、もうひとつ反対側にも入口があり、そちらの入口前には文庫の新刊台がどーんとそびえている。文芸書の棚も多く、文庫の品揃えも幅広い。奥へ進むと、芸術書、デザイン書、サブカル、音楽、スポーツ、ギャンブルと偏りなく構成された棚が現れる。とくに音楽の棚の濃さは特筆もので、『真空管ギター・アンプ実用バイブル』などといったタイトルに思わず見入ってしまう。文芸書、文庫の棚のあちこちに用意されたフェアコーナーも面白い。担当者のセンスがうかがえる棚なのだ。デザイン事務所が多い土地柄か、芸術書がよく動くそうだが、客の中心は老若男女満遍ないご近所さん。新聞の広告を切り抜いて問い合わせてくるお年寄りも多ければ、学生も多い。ゲーム会社が近くにある関係でラノベの固定ファンも少なくない。駅のホームから店内が見える町の本屋さんは、その名のとおり中目黒の町と一体になったブックセンターなのである。

（２０１５年10月号）

ツイッター

中目黒ブックセンター
東京都目黒区上目黒3−7−6−2F
東急東横線、東京メトロ日比谷線中目黒駅から徒歩1分
営業時間10:00−23:00　年中無休

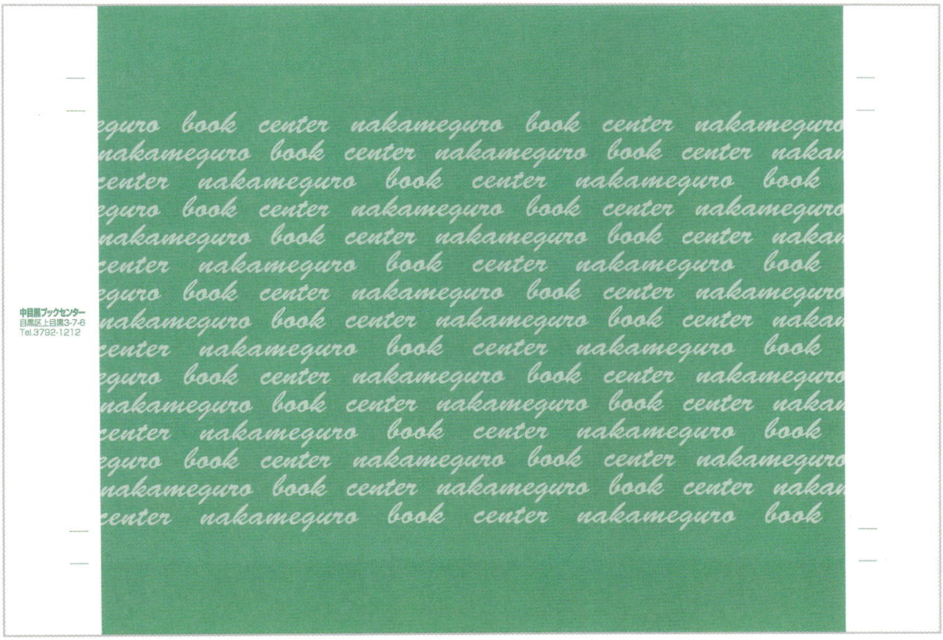

今野書店
KONNO SHOTEN
tel.03-3395-4191
http://www.konnoshoten.c

西荻の町とともに
今野書店

最新刊！

コミック店
B1
コミック
ライトノベル
攻略本

地球博物学大図鑑
THE NATURAL HISTORY BOOK
うつくしい昆虫図鑑
養老孟司
美しき羽根
Rolling Stones Gear
ローリング・ストーンズ
中央線とdancyu
中央線はおいしい!
なぜかワインがおいしいビストロの絶品レシピ
いつもの皿をごちそうにする秘密。
中央線 絶品グルメ
189店
杉並区2
杉並区の100年
昭和—激動の一世紀が、今よみがえる
城をゆく
名城古写真はがきセットをプレゼント!
とことん深みにハマりたい
荻窪 西荻 阿佐ケ谷 本
吉祥寺Walker
吉祥寺の名物酒場へ!
地元自慢ランキング
BEST 50
吉祥寺を
新規オープン店案内!
散歩の達人
行定勲監督も推薦の、まったく新しい銀幕案内!
三好銀
角田光代
西荻窪キネマ銀光座
吉祥寺が、いいんです。
持ち歩ける吉祥寺本
西荻本
(吉祥寺・中央線も)
おきにいりと暮らすABC
杉浦さやかの最新刊
大公開!
ひっこしました
平松洋子
焼き餃子と名画座
無銭優雅
メディアワークス文庫
高円寺 阿佐ケ谷 荻窪 西荻窪 食べある記
見本
見本
沿線文化人類学
中央線なヒト
中央線あるある
水道橋博士
街には面白いコトがあふれてる!
新創刊

日本文学
日本文学・時代小説

MOE
めがねうさぎ
おばけなんてないさ
めがねうさぎシリーズ
40th
おつきみおばけ
月夜とめがね
月へミルクをとりにいったねこ
月の満ちかけ絵本
今日のお月さまは?
月へ行きたい
ハロウィーンってなあに?
日本でいちばん人気のハロウィーン絵本
自然のとびら
MAPS
大切な誰かに贈りたくなる本No.1
こどものとも 0.1.2
かあーかあーからすさん
先月号です
名作への架け橋

文庫
新刊コーナー
半沢直樹、出向!
ロスジェネの逆襲
池井戸潤
元素生活
JR中央線の謎学
東京ディズニーランド
東京ディズニーシー
残穢
小野不由美
天翔る
村山由佳
天声人語
深代惇郎の
暗い穴
堂場瞬一
解
堂場瞬一
舟を編む
三浦しをん
ジャイロスコープ
伊坂幸太郎
禁断の魔術
東野圭吾
最新長編
光
道尾秀介
ふくわらい
西加奈子
生きるぼくら
原田マハ
ホテルローヤル
直木賞
ブルーマーダー
誉田哲也
リカーシブル
米澤穂信
母性
湊かなえ
火葬国風景
海野十三
猿の悲しみ
えんじ色のカーテン
さようならオレンジ
岩城けい
初文庫オリジナル短編集

　ＪＲ中央線の西荻窪駅北口を出て左へ徒歩一分。今野書店は西荻駅前の町の本屋さんだ。一九六八年に開業。一階が六十坪、コミックとライトノベルに特化した地下が三十坪、合わせて九十坪は狭くはないが、決して広くもない。二〇二年に同じ通り沿いの駅からさらに四分ほど歩いた場所から移転してきたのだが、売り場面積は以前のちょうど倍になり、売り上げは三倍には届かないけど、それに近いくらいまでに伸びたという。「売り上げが伸びている」という昨今ではあまり聞けない力強い言葉を聞ける稀有な書店なのである。

　しかもコミックの次に売り上げがあるのが文芸書・一般書だそうで「文庫と肩を並べているのはこのくらいの坪数の本屋だとほとんどないんじゃないかな」と今野英治社長も文芸書の売れ行きのよさに喜びを隠さない。客の中心は地元の人たちで午前中は高齢のご近所さん、夕方の五時から八時は西荻窪に帰ってきた人たちで賑わう。料理、インテリア、育児、ペットなど実用系ジャンルは雑誌と関連書籍を同じ棚に並べ、ボリューム感を演出している。最近は児童書の伸びが目立つそうだが、入り口から一番奥の児童書コーナーまで見渡せる棚の配置にしたためではないかと分析する。ベビーカーで一直線に児童書の棚まで来られるような動線を確保しているのだ。移転に際して、細かいところまで工夫した結果が出ているのだろう。

（２０１５年11月号）

ホームページ　ツイッター

今野書店
東京都杉並区西荻北3−1−8
JR中央線西荻窪駅北口から徒歩1分
営業時間
平日・土　10:00−23:00
日・祝　10:00−22:00　年中無休

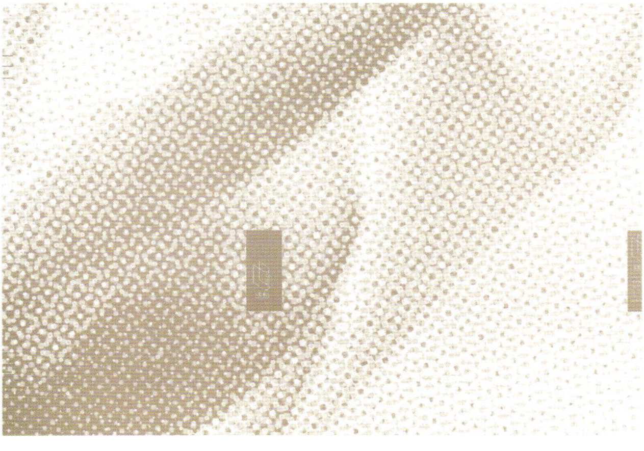

リニューアル

狭さを凌駕。品揃えには自信あり
山下書店新宿西口店

アラサーちゃん
参考書を見て、共感したのは初めてです。笑
50万部突破！
ニューヨークで考え中
近藤聡乃
SFまで10000光年
小顔」ってホメ言葉なんだ！？
ドイツ人が驚く日本の「日常」
覗いてみたらすごかった！ドイツ人の心の声
おこげのはなし
ついに実写映画化！
北欧女子
役者は一日にしてならず
春日太一
黒澤明と三船敏郎
スタアのいた季節
やくざと芸能と
芸人という生きもの
吉川潮
いつも心に立川談志
談志はいまも私といっしょに生きています
満映とわたし
岸富美子
石井妙子
戦後70年、初めて明かされる満映崩壊後の真実
寺院消滅
失われる「地方」と「宗教」
鵜飼秀徳
あなたの菩提寺がなくなる？
佐藤優氏
他者という病
中村うさぎ
嫌老社会を超えて
五木寛之
「嫌老」から「賢老」への道を探る！
あっ!命の授業
ゴルゴ松本
15万部突破!!
山崎豊子先生の素顔
野上孝子
居酒屋ぼったくり
秋川滝美
放課後の厨房男子
旨いものと
50万部突破!!
サラバ！
西加奈子
第152回直木賞受賞作
2015年本屋大賞2位
凄かった。西加奈子の全部がここにある。
時代文
林家たい平
人間国宝
時代文庫は
超訳菜根譚
人生はけっして■しくない
境野勝悟
ギリシア神話
NHK・Eテレ「100分de名著」

雑学・エッセイ
ノンフィクション
小説系文庫は、
(雑学・エッセイ・ノンフィクション以外)
あちらの文庫コーナーに
移動しました。
雑学・教養文庫新刊コーナー
雑学・教養文庫新刊コーナー

話題の本コーナー
桃屋ごはん
マルシェ
Marché
食材大図鑑
プロの使う食材
1800以上が
ラクうま
ごはんのコツ
まいにち食べたい魚料理
名店のサンドイッチ
おいしい作り方
作り方のコツと
秘蔵レシピ
「日々」の
孤独のグルメ
ひとり飲み飯
肴かな
日本の
知恵の
ベストセラー
テレビドラマ化!!
やせるおかず
作りおき
あさイチ
NHK
第1位
KOUYA no GOURMET
荒野のグルメ
久住昌之
土山しげる
野武士のグルメ
英国一家、日本を食べる
英国一家、フランスを食べる
男と女のワイン術
ボトル2900円の
店には注意する。
料理のコツ
「昭和の味」を
今も残す
極上ランチと
珠玉のエピソード。
天皇の料理番
酒場のグルメ
DVD
東京時代MAP
大江戸編
宮部みゆき氏絶賛!
「これから時代小説を書くときは
この本を側に置きます。」
一個人
スパイスガイド
天皇陛下が愛した
洋の料理レシピ
驚異の実力!
最強の
完全解析
山手線
東京
東京人
東京地理散歩
食べログ
ワンコイン
ランチ
おいしい貝の本

薬丸岳 悪党
大どんでん返しの意外性がたまらない!!
大絵画展 望月諒子
光文社文庫のオススメ!
話題書
オススメ本
最後は泣けます。
売れてます! 17万部
「ちょっと今から仕事やめてくる」
KADOKAWA
メディアワークス文庫
小説を超える現実があった!

サイオプス
嘘だらけ世界経済
海軍兵学校岩国分校物語
頭山満伝
満洲怪物伝
ちゃぶ台
日本が戦ってくれて感謝しています
井上和彦

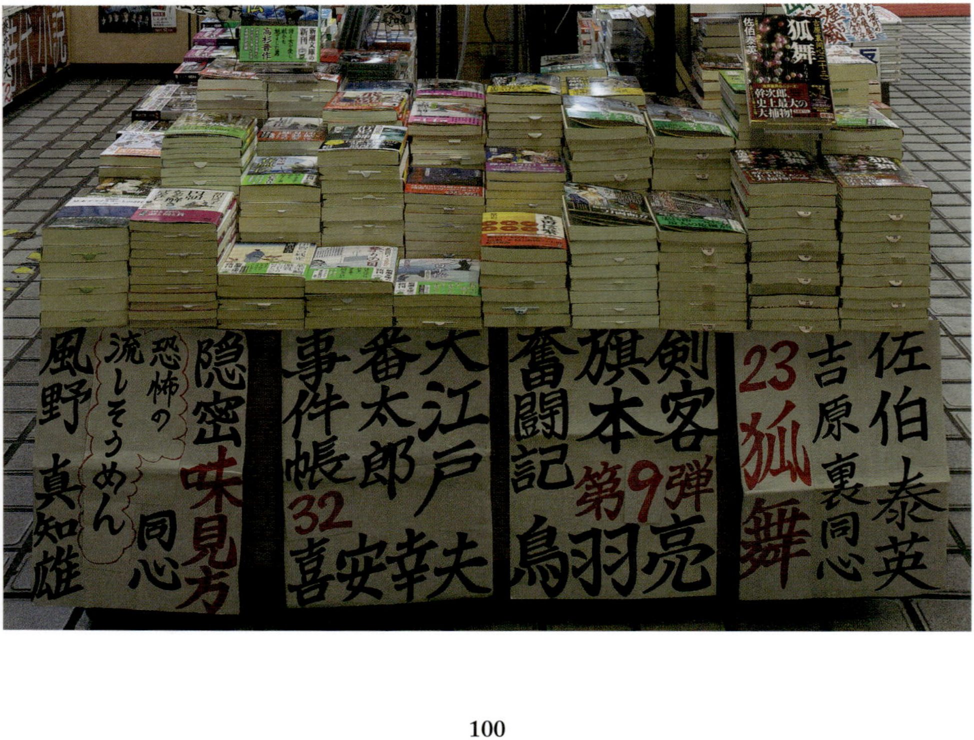

佐伯泰英
吉原裏同心
23 狐舞
剣客旗本奮闘記
第9弾
鳥羽亮
大江戸番太郎事件帳
32
喜安幸夫
隠密味見方同心
恐怖の流しそうめん
風野真知雄

東京メトロ丸ノ内線の新宿駅西口側改札の目の前、JR新宿駅の西口改札からもほど近い、新宿メトロ食堂街の地下一階と地下二階に山下書店新宿西口店はある。改札を出たところ、地下二階にあるのが第二店で、第二店の横の階段を上った地下一階にあるのが第一店だ。さらに第一店の正面にある階段を上ると新宿西口の地上に出る。つまり山下書店新宿西口店はメトロ食堂街の一角にあるが、実際には各路線改札口と地上を結ぶ人通りの激しい往来に面した路面店とイメージしたほうがわかりやすいかもしれない。しかも狭くて小さい店である。契約面積は第一店が四坪、第二店は二坪しかない。営業中は夜の間シャッターの中にしまってある什器を使い、若干スペースを広げて陳列しているが、それでも狭小だ。だが、坪単価は全国有数。その売上げを支えているのは新宿西口のオフィス街に通う四十代五十代の男性ビジネスマンだ。第二店は改札に近い分、女性客も多いそうで、女性誌、コミックなどもあるが、第一店はほとんどが男性。時代小説文庫の発売日には店頭に並ぶのを待っている常連客も少なくないらしい。文庫は時代物とミステリー、単行本は雑学系や戦記物のノンフィクションが目立つが、客層に合わせて特化した品揃えであり、逆に言えば四十代五十代のビジネスマンの興味がいま、どこにあるかが一目瞭然の棚でもあるのである。

（２０１５年12月号）

※二〇一七年にリニューアル。現在は紺色を基調とした看板と什器が出迎えてくれる。

ホームページ　ツイッター

山下書店新宿西口店
東京都新宿区西新宿1-1-2　地下鉄ビルディング
メトロ食堂街B1F（新宿西口第一店）、B2F（新宿西口第二店）
東京メトロ丸ノ内線・JR新宿駅&都営大江戸線新宿西口駅から徒歩 30 秒
営業時間　9:30〜22:00　定休日　元旦

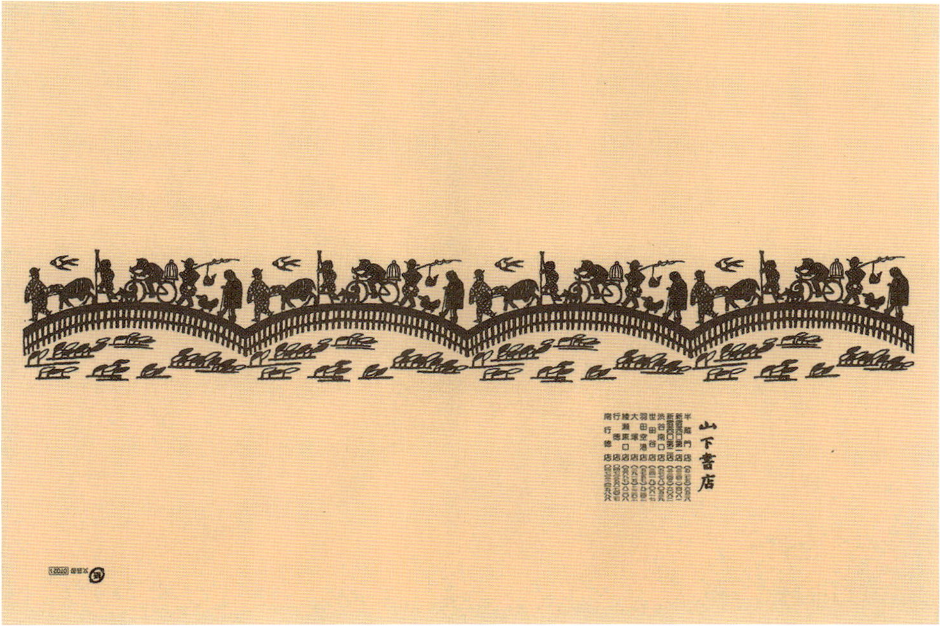

教文館

伝統芸能、人文棚に料理書も
充実の銀座の老舗

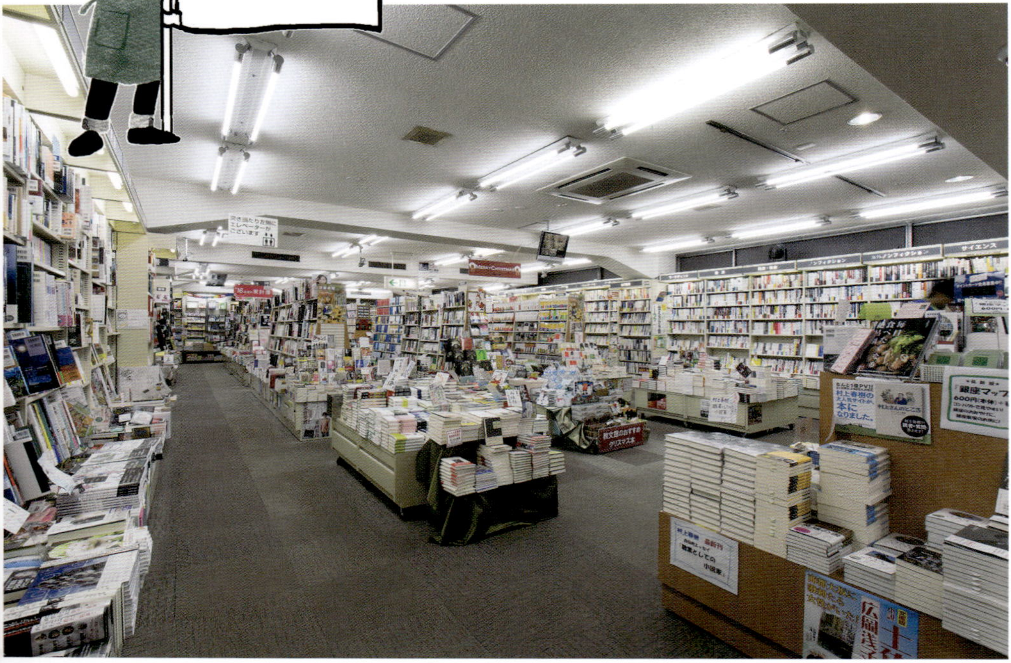

銀座コーナー
伝統芸能
教文館は今年で創業130周年

ハフハフ♪
あつあつ
を
召し上がれ
スキレットの本
絶品グラタンとオーブン焼き
ホットサラダ
グラチネ
GLUTTON
南部鉄ココット&グリルでおいしいレシピ
煮込み料理
世界のホットサラダレシピ
「ストウブ」でいつもの料理をもっとおいしく!
火にかけるだけで絶品おかず
ラクチンなのに、本当においしい
GRATIN & DORIA
グラタンレシピの決定版
スープとパン
オーブンまかせで
のっけて焼けばすぐごはん
簡単なのにごちそう。焼きっぱなしオーブンレシピ
スイーツ詰め合わせプレゼント

料理書
フランス料理
フランス料理
カレー
韓国料理
キッシュ・サレ・テリーヌ
スペイン料理

海外ノンフィクション
サイエンス
海外ノンフィクション
サイエンス
心理
数学
海外ノンフィクション

銀座四丁目の交差点から徒歩二分、教文館は日本の目抜き通りである銀座中央通りに面した老舗書店だ。創業はなんと一八八五年！　キリスト教の出版社、書店としてスタートし、銀座に出店したのは一八九一年、現在の教文館ビルが竣工したのは一九三三年で、以来銀座と出版界の変遷を見守ってきたのである。現在は九階建てのビルの一階、二階が一般書籍・雑誌、三階がキリスト教専門書籍と宗教・哲学専門洋書籍、四階がカフェとキリスト教グッズの店「エインカレム」、六階が子どもの本の店「ナルニア国」、九階が「ウェンライトホール」と、多層階で売場を展開している。

　間口が狭く、売場面積も五坪程度の一階の雑誌売場から、とんとんと階段を上ると、異空間のような一般書の売場が広がる。二階売場は八十坪強というから、今となっては決して広くはないが、ゆったりした配置が坪数以上の広さを感じさせる。歌舞伎、伝統芸能、銀座コーナーから芸術書と続く棚をはじめ、丁寧に選び抜かれ、並べられた棚を見ていると、必要にして十分という言葉が浮かんでくる。岩波書店、みすず書房の本が並ぶ人文書コーナーの凛として落ち着いたたたずまいも印象深い。銀座の一等地にありながら、都会の喧騒を忘れられる大人のための癒しの書店といえるだろう。

（２０１６年１月号）

ホームページ　ツイッター

教文館（1,2階和書売場）
東京都中央区銀座 4-5-1
東京メトロ銀座線銀座駅 A9 出口から徒歩 2 分
営業時間　平日・土　10:00-21:00　日・祝　10:00-20-00　定休日　元旦

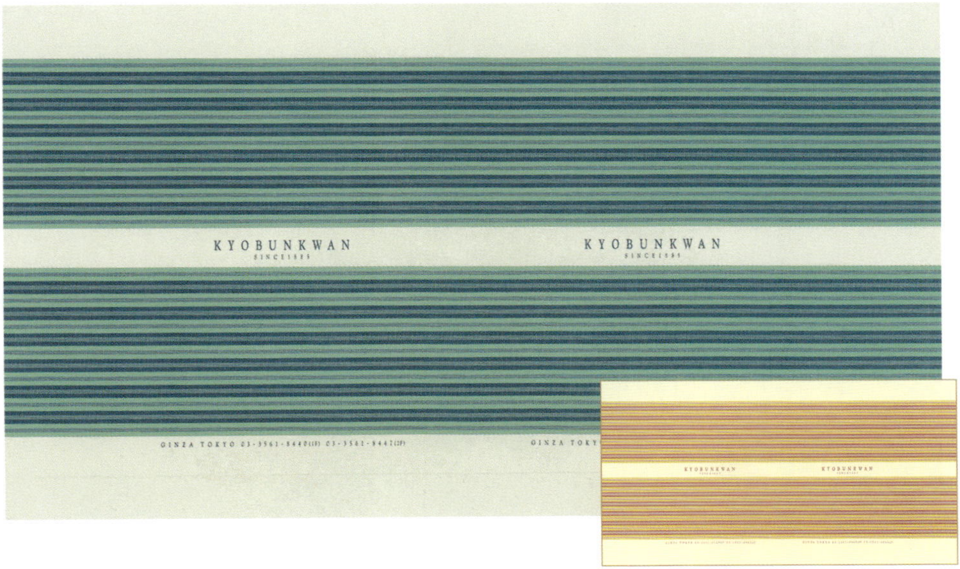

本屋プロレス発祥の地

伊野尾書店

FIFA
腐敗の全内幕
アンドリュー・ジェニングス
会長を辞任に追い込んだ
調査報道記者、執念の一撃
真説・長州力
巨人軍の巨人 馬場正平
痛みの価値
プロレスで自由になる方法
飯伏幸太
高校野球
Choice
力まない! 緩まない!
EURO2016
出場24か国
パーフェクトガイド
2015プロ野球
総決算号
新主役誕生
SWS
プロレス激闘
新天地を求めた
恐竜戦士たちの
夢の軌跡
週刊プロレス
緑の波紋
潮﨑豪と
野球太郎
ドラフト総決算
エディー・ジョーンズ
4年間の軌跡
奇跡の投手人生
50の告白
山本昌
KAMINOGE
vol.48
日は、また昇る。
スタン・ハンセン
レボリューション
箱根駅伝
2016完全ガイド
Number
ベースボール
2015
記録
店ベルク
799円(税込)

ときめかない日記
万城目学
かのこちゃんとマドレーヌ夫人
孤独か、それに等しいもの
solitude, or something like that
大崎善生
あさのあつこ
金色の野辺に唄う
宮本輝
錦繍
ちよだ文学賞の
中井文庫
アナウンサー
伊野屋書店従業員
中井駅前歯科
中井文庫 2015
売れ行き 第2位
『ときめかない日記』
中井文庫 2015
売れ行き 第2位
『かのこちゃんとマドレーヌ夫人』
中井文庫 2015
売れ行き 第1位
『孤独か、それに等しいもの』
文庫は著者別に並べてあります

山本周五郎
吉村昭

日本近代史
世界現代史
世界史
日本史
図説
日本史通覧
歴史年表はこれが一番わかりやすい！
歴史
日本史
時代小説単行

映画の本
経済学
「人口学講義」
太った男を殺しますか?
無意識はいつも正しい
偶然の統計学
日本の火山図鑑
経済の教科
大収斂
限界費用ゼロ社会
オンラインバカ
ニッポンの貧困
インテル
昭和事件史
青線
ロボットの脅威
科学が教える10の秘密
田舎のパン屋が見つけた「腐る経済」
いつまでも若いと思うなよ
明日に向かって老いろ!
官僚階級論
あぶない一神教
ひとりぼっちを笑うな

音楽・芸能
感動の声
殺到!
JAPAN CLASS
ホワイ ジャパニーズ ピープル!?
大百科
世界で最も"特殊なSEX"とは何か?
生きものたちの秘められた性生活
パンダはセックスが下手!?
エロ本黄金時代
1980年代に輝いた、エロ本という文化
ART OF STAR WARS
スター・ウォーズの芸術学
アジア巨大遺跡
国道者
佐藤健太郎
酷道、険道、廃道、珍道
みんな病んでいる
「夫婦」で24時間、重苦しい
椎名誠
雨の匂いのする夜に
旅から旅への雲や風 至福と蠱惑の夜の粒々
日本のアングラ
演劇革命の時代と精神!
大村智物語
芸術と科学のあいだ
福岡伸一
夜中の電話
井上麻矢
この冬の私はあの蜜柑だ
片岡義男
駅伝マン
日本を走ったイギリス人
全英ベストセラー!
現代用語の基礎知識
読まなくてもいい本の読書案内
橘玲
今すぐ捨てよう!
おひとりさまの最期
上野千鶴子
エンピツ戦記
私は絶対許さない
エリック・サティの世
もう戦争がはじまっている
辺見庸
不明解日本語辞典
髙橋秀実
ん?
読めば読むほどわからなくなる
もうひとつのプロ野球
石原豊一
職業:プロ野球選手、ただし給料0円。
闇社会犯罪 日本人VS.外国人
丸山ゴンザレス

都営大江戸線で都庁前から四駅。中井駅のA2出口を出た右隣、庶民的な駅前商店街の真ん中に伊野尾書店はある。一九五七年十二月二十五日創業というから二〇一五年のクリスマスで五十八周年を迎えた。現店長の伊野尾宏之さんは二代目だ。駅前商店街の本屋さんなので、午前中や日中は近所に住む年配の人や赤ちゃん連れのお母さん、夕方は学生、夜になると会社帰りの社会人、と時間によって客層は違うが、老若男女で一日中賑わっている。商店街で唯一の書店だから、雑誌からコミックまで、一見なんでも揃っているようだが、実は資格の本はないし、参考書も小学生までしか置いていない。それでも必要にして十分な本が揃っているように見えるのは見せ方にひと工夫あるからだろう。十七坪と決して広くはない売場だが、棚には面陳で見せている本が驚くほど多い。客に探させるのではなく、客の目に飛び込ませようとしているのだ。提案していく書店なのである。だからフェアもイベントもユニークだ。二〇〇八年に敢行した本屋プロレスはもはや伝説だが（当社刊『本屋の雑誌』参照）、毎年秋には歯科医、信用金庫職員、蕎麦屋店主、アナウンサー、プロレスラー、バーテンダーなど、地元の関係者が選ぶ中井文庫という文庫フェアも開催している。町と一体となっている駅前書店なのである。

（2016年2月号）

ホームページ　ツイッター

伊野尾書店
東京都新宿区上落合2−20−6
都営大江戸線中井駅A2出口右
営業時間　平日・土　10:00−21:00
祝　11:00−20:00
毎週日曜日定休

街道沿いの新名所
Title

ヨレヨレ
創刊 第1号
500円
楽しもう。もがきながらも。
うんこの水平線
爆笑対談一挙掲載!
谷川俊太郎×村瀬孝生
創刊 第2号
爆裂 第3号
ゆがい痛快 くらくない。
坂口恭平
石井桃子のことば
へろへろ
雑誌「ヨレヨレ」と「宅老所よりあい」の人々
ぶっとばせ、貧老! 未来はそんなに暗くない。
深夜百太郎
舞城王太郎
ジョルジョ・モランディ
ようこそ幻の展覧会へ。
荻窪 西荻 阿佐
ジョージア・オキーフとふたつの家
「ここはわたしの居場所。心が静かです。
わたしの皮膚がここの土に近いと感じている。」
世界中の無数のあたしと世界中の無数のあなたはどこにもいない
あたしとあなた 谷川俊太郎
ラオスにいったい何があるというんですか?
村上春樹

スピノザの方法
復興文化論
戦後の墓碑銘
原発危機と東大話法
現代の超克
地に巣くう
光のない海
宮部みゆき
荒神
下町ロケット2
池井戸潤
銀翼のイカロス
皇后考
原武史
夜と霧
他者の苦痛へのまなざし
文体の科学
山本貴光
本屋の
はなし
本屋図鑑
思想の科学 私史
鶴見俊輔
若松英輔
イエス伝
本
次の
VIRTUOSE DU REQUIEM

台北
鎌倉
沖縄
京都
ホノルル
ランドネ
ハーバード大学は「音楽」で人を育てる
ベビーデューティーの本
560

HOUBY
Svět je sámá pohádka
DÁŠENKA
ダーシェンカ
カレル・チャペック

沢木耕太郎
キャパの十字架
最新刊
文春文庫

谷川俊太郎 自選 詩集
谷川俊太郎 選
茨木のり子 詩集

二〇一六年一月十日日曜日、JR中央線荻窪駅から徒歩十分の住宅街に新しい書店がオープンした。その名も本屋「Title（タイトル）」。リブロ池袋本店で統括マネージャーを務めていた辻山良雄氏が独立開業した町の本屋さんである。青梅街道に面した二階建ての路面店で、青地に店名のロゴが白抜きになった看板が冬の空にきりりと映えている。銅板を張り合わせたような二階の外壁も看板建築風で洒落ているが、実は築五十年は経っていそうな古い一軒家をリノベーションしたもの。太い丸太の梁が天井を貫き、内装のアクセントとなっている一階は奥が八席のカフェ、二階はギャラリーで、一、二階合わせて二十二坪のスペースにおよそ一万冊の本が並ぶ。入口正面の平台には村上春樹『ラオスにいったい何があるというんですか？』や吉田秋生『海街diary 7』などの売れ筋も積まれているが、「ヨレヨレ」のバックナンバー、鹿子裕文『へろへろ』、舞城王太郎『深夜百太郎　入口』、谷川俊太郎『あたしとあなた』などが目立つ一角を占めていて、さながらナナロク社フェアのよう。右側の壁面棚は芸術、文芸、人文がメインで、ビジネス系はごくわずか。絵本、児童書はあるが、新書判のコミックスはほとんどない。一般的な町の本屋のイメージからは遠いが、どこか懐かしさが感じられる店名どおりの「本屋」なのである。

（2016年3月号）

ホームページ　ツイッター

Title
〒167-0034 東京都杉並区桃井1−5−2八丁交差点すぐ
JR中央線荻窪駅から徒歩10分
営業時間　12:00−21:00（カフェは20:00ラストオーダー）
定休日　毎水曜・第三火曜

湾曲に広がる大人の空間

タロー書房

週刊新潮
しんがり
立川談志全集
よみがえる若き日の名人芸
立川談志全集
よみがえる若き日の名人芸
パリ歴史図鑑
Q&A Diary
吉田修一
怒り
私を裏切ったのは、誰だ?

この名曲が凄すぎる
天才を作る親たちのルール
ビジネス英語
感情的にならない本
50の謎

緒方貞子回顧録
民主党政権の挑戦と挫折
民主党政権とは何だったのか
日本外交への直言
未完の戦時下抵抗
戦後責任
ある凡人の告白
安倍晋三と岸信介と公明党の罪
佐高信
租税条約
地方創生を考える
地域を変えるミュージアム
脱東京
牛を飼う球団
ネット・バカ
オンライン・バカ
つながり
ラストキャリア
スモールハウス
パンとペン
文化国家
外交的思考
レイシズムを解剖する
メディア考古学
70年代と80年代
自由と節度
デスク日記
崩壊 朝日新聞
NHK、鉄の沈黙はだれのために
空気の構造
もの言うキャスター
ルポ イチエフ
原子力ムラの陰謀
実録FUKUSHIMA
東日本大震災 住まいと生活の復興
もう戦争がはじまっている
流砂のなかで
辺見庸
立花隆
牛と土
東京ブラックアウト
原発ホワイトアウト
日本中枢の崩壊
古賀茂明
放射能汚染地図の
避難弱者
死の淵を見た男
門田隆将
世界をこの目で
全電源喪失の記憶
蛍の森
石井光太
物乞う仏陀
アマン伝説
若者はなぜヤクザになったのか
1945-2015
漂白される社会
開沼博
祝島のたたかい
日本はなぜ、「基地」と「原発」を止められないのか
原子炉時限爆弾
広瀬隆
単身急増社会の衝撃
老後貧乏
ニッポンの貧困
老後破産
家族難民
戦略論
国際紛争
現代の特殊部隊百科
街の人生
物欲なき世界
平凡社
君に友だちはいらない
あなたの空き家問題
依存症臨床論
街場の戦争論
内田樹

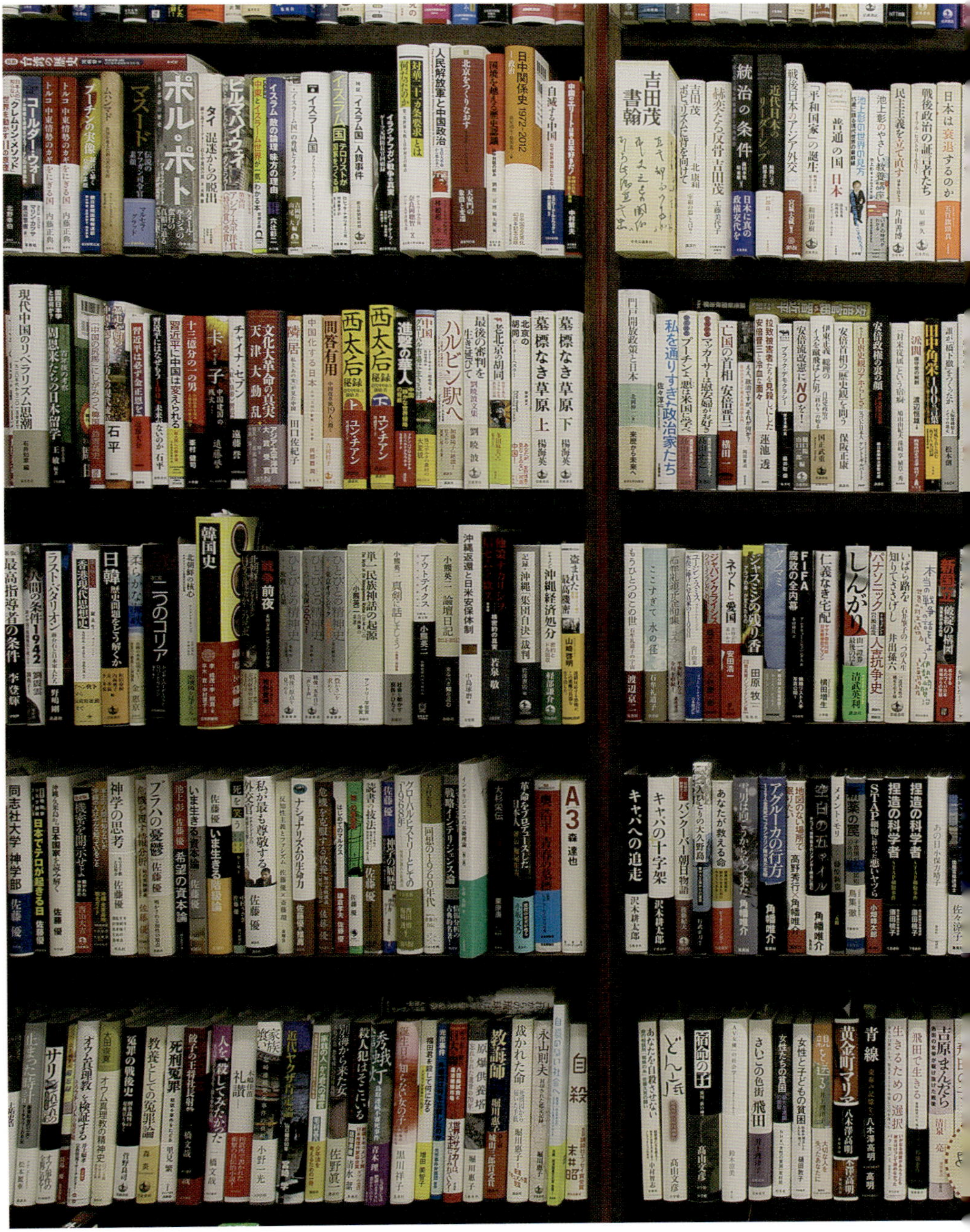

吉田茂書翰
統治の条件
戦後日本のアジア外交
「平和国家」の誕生
普通の国 日本
池上彰の世界の見方
民主主義を立て直す
戦後政治の証言者たち
日本は衰退するのか
人民解放軍と中国政治
日中関係史 1972-2012
自滅する中国
ポル・ポト
マスード
プーチンの実像
イスラーム国
イスラム国 テロリストが国家をつくる時
現代中国のリベラリズム思潮
周恩来たちの日本留学
習近平に中国は変えられるか
十三億分の一の男
チャイナ・セブン
文化大革命の真実 天津大動乱
問答有用
西太后秘録
進撃の華人
ハルビン駅へ
最後の密使
墓標なき草原 上
墓標なき草原 下
門戸開放政策と日本
私を通りすぎた政治家たち
亡国の首相 安倍晋三
安倍政権の裏の顔
田中角栄
最高指導者の条件
日韓歴史問題をどう解くか
香港現代思想史
二つのコリア
韓国史
戦争前夜
単一民族神話の起源
真剣に話しましょう
アウトテイクス
論壇日記
沖縄返還と日米安保体制
沖縄経済処分
ネットと愛国
ジャスミンの残り香
FIFA 腐敗の全内幕
仁義なき宅配
しんがり
パナソニック人事抗争史
同志社大学神学部
神学の思考
プラハの憂鬱
いま生きる「資本論」
私が最も尊敬する外交官
ナショナリズムの生命力
戦略インテリジェンス論
A3 森達也
キャパへの追走
キャパの十字架
バンクーバー朝日物語
あなたが救える命
アグルーカの行方
空白の五マイル
捏造の科学者
STAP細胞 残された謎
止まった時計
オウム真理教を検証する
冤罪の戦後史
教養としての冤罪論
死刑冤罪
人を殺してみたかった
礼讃
家族喰い
近代ヤクザ肯定論
殺人犯はそこにいる
誘蛾灯
裁かれた命
永山則夫
教誨師
自殺
どん底
宿命の子
さいごの色街 飛田
女性と子どもの貧困
黄金町マリア
青線
飛田で生きる
吉原まんだら

本という驚きを再び
人文・社会
自然科学
文芸
芸術
みすず書房
創業70周年
一九四六年三月、創業。これまでの発行書籍は四千点を超えました。さまざまな分野の新刊やロングセラーから厳選、また普段はご覧いただく機会のすくない書籍も取り揃えています。

スクラップブック
SCRAP BOOK
西洋絵画
名画誕生の秘密がわかる!
Coltrane Chroni
Beatles gear
Rolling Stones Gear
ザ・ローリング・ストーンズ
楽器大名鑑
ブルーノート・
レコード

東京メトロ銀座線の三越前駅A6番出口正面にあるのがタロー書房だ。もともとは日本橋三越本店のはす向かいで営業していた路面店（一九九四年創業）だったが、日本橋の区画整理のため、二〇一〇年十月にコレド室町地下一階に移転。二〇一四年に百二十六坪から百四十坪に増床して現在に至っている。印象的なロゴは岡本太郎の手になるもの。アールをいかしたシックな店内は什器も含め、九州新幹線「つばめ」の車両デザインを手がけた水戸岡鋭治氏によるもの。木製の書棚とLEDの書架照明が醸し出す雰囲気は上質な大人の空間を感じさせる。正面の入口を入ると、幅三メートルほどの平台がどーんと置かれ、ノンジャンルで新刊が積まれている。右手のフェア台ではみすず書房フェアが展開中。みすず書房のフェアはタロー書房の恒例行事で毎年一月から二月にかけて風物詩のように行われているという。ゆったりした通路を進むと、びしっと揃えられた文芸書、人文書の棚に目を奪われる。過不足がないと言えばいいのだろうか。岩波文庫、講談社学術文庫をはじめ、文庫の棚もがっしりと揃った印象を受ける。客層の中心は日本橋のビジネスマンで、単行本含め既刊本に力を入れているというが、平凡社ライブラリー、東洋文庫と続く棚の前にいると、つい背伸びして『シリア縦断紀行』などを抜いてみたくなる。いい店なのだ。

（2016年4月号）

ホームページ

タロー書房
東京都中央区日本橋室町2−2−1コレド室町B1
東京メトロ銀座線三越前駅A6番出口目の前
営業時間月〜金 8:00-21:30　土 10:00-21:00　日祝10:00−20:00
定休日1月1日、その他不定休

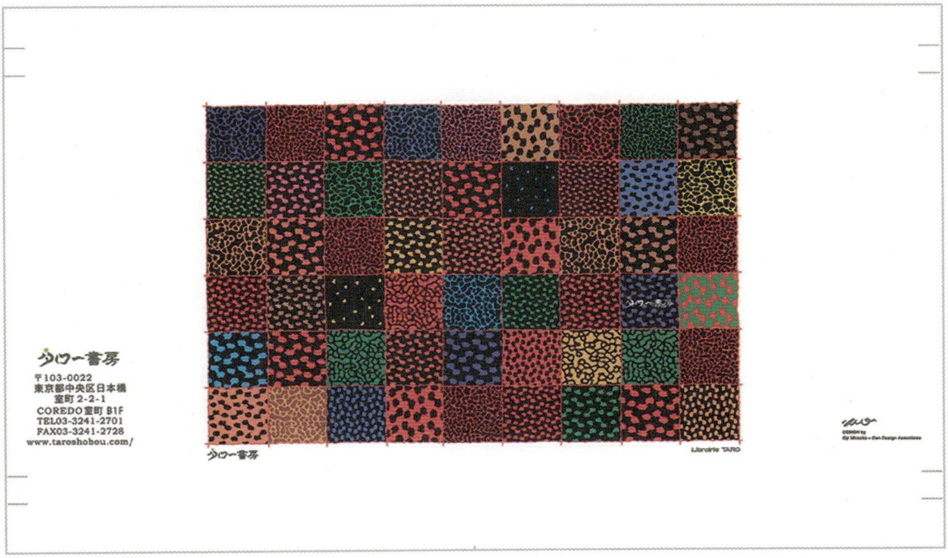

沖縄に触れる三坪

市場の古本屋ウララ

おきなわいちば
見本誌
甘いもの
沖縄県の歴史散歩
沖縄の年中行事100のナゾ
波照間の琉球王朝
沖縄ナンクル読本
沖縄戦と海上特攻
沖縄の離島
沖縄庶民ライフ
沖縄大衆食堂
十五の春
沖縄県の歴史
沖縄文化論
岡本太郎
おきなわキーワードコラムブック
沖縄のうわさ話
沖縄凸凹夫婦
沖縄謎とき散歩
ほんとうは怖い沖縄
沖縄の季節と行事
クリフォード訪琉日記
太陽の棘
原田マハ
沖縄の冠婚葬祭
那覇出版社
続沖縄の歴史
月刊沖縄社
沖縄のまつり
おきなわ今と昔
沖縄の法事
琉球の民間信仰
渡口初美
泊物語
幻想の街・那覇
那覇変遷記
那覇女の軌跡
ナツコ
沖縄 だれにも書かれたくなかった戦後史
佐野眞一

琉球文学論の方法
南島文学論
混効験集
沖縄文学の世界
琉球歌謡論
南島歌謡論
琉球文学論
文学批評の音域と思想
島尾敏雄
南島へ南島から
悪石島
豚の報い
魂込め
水滴
海鳴り
沖縄戦後詩史
新沖縄文学
青い海の彼方へ
沖縄からはじまる
琉球弧の発信
清田政信詩集
全詩集
沖縄学入門
複数の沖縄
戦後沖縄の思想像
見える昭和と「見えない昭和」
大田昌秀
沖縄の歩いた道
沖縄のアメリカ人
不屈
瀬長亀次郎日記
心水の如く
屋良朝苗回顧録
沖縄喪失の危機
小さな闘いの日々
逆転

沖縄オバァ烈伝
日本を救う
沖縄ぬちぐすい事典
「ぬちぐすい(命薬)やっさー」
世界に誇る長寿の食文化
沖縄の食材・料理など184項目を徹底解説
お手元に1冊どうぞ!!
オキナワなんでも事典
池澤夏樹 編
沖縄ナンクル読本
下川裕治
篠原 章
懐が深いぞ、この島は。
講談社文庫
新編・琉球弧の視点から
島尾敏雄
沖縄の先人たち
いたずらっ子ケン

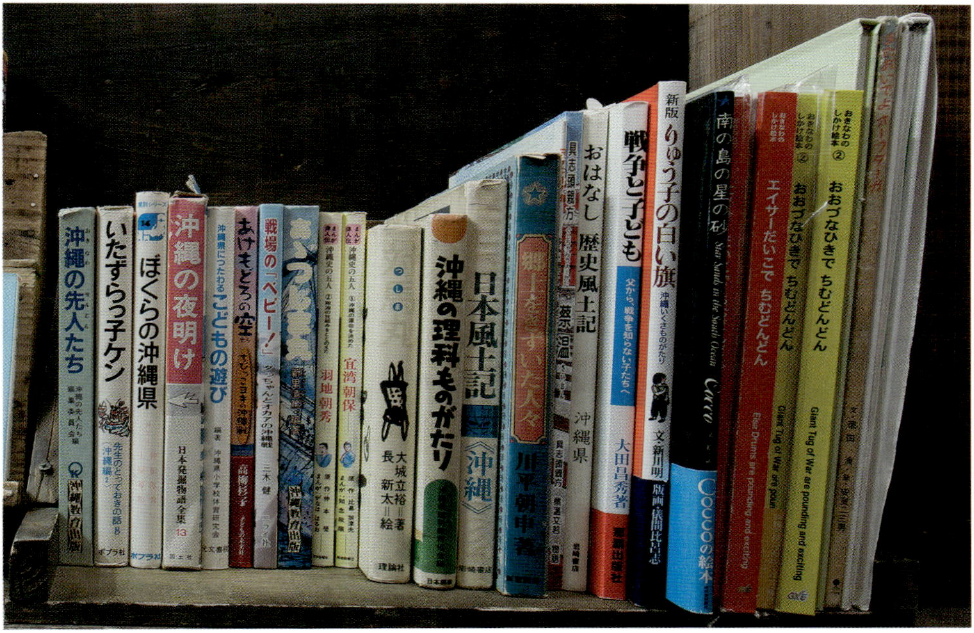
沖縄の先人たち
いたずらっ子ケン
ぼくらの沖縄県
沖縄の夜明け
沖縄県につたわるこどもの遊び
あけもどろの空
戦場の「ベビー!」
羽地朝秀
宜湾朝保
沖縄の理科ものがたり
日本風土記《沖縄》
郷土をきずいた人々
川平朝申
おはなし 歴史風土記 沖縄県
戦争と子ども
大田昌秀 著
新版 りゅう子の白い旗
南の島の星の砂
Cocco
エイサーだいこで ちむどんどん
おおづなひきで ちむどんどん

大琉球写真帖
もうひとつのウチナー
UCHINA
神の里
記録写真集 沖縄戦
太平洋戦争最後の死闘90日
今こそ鹿砦社の本!!
戦争と平和のはざまで
ひめゆりと生きて
仲程昌徳
戦時下の学童たち
沖縄戦
OKINAWA The Last Battle
沖縄県民斯ク戦ヘリ
田村洋三
オキナワと少年
伊佐千尋

米軍基地の歴史
世界ネットワークの形成と展開
林博史
なぜ、米軍基地はなくならないのか?
カミングヮ
家族を癒す沖縄の正しい家相
沖縄の歴史
宮城栄昌
NHKブックス
沖縄 何が起きているのか
世界
沖縄 健康の
日野原重明氏推薦!!

市場の古本屋ウララはその名のとおり那覇市牧志の公設市場の目の前にある。那覇一番の繁華街である国際通りから市場本通りに入り、市場本通りが市場中央通りと名を変えると左手に青い看板が見えてくる。手前は漬物屋、向こうは洋服屋、向かいは鰹節屋、シーサーを売っている店もあれば傘屋もあり泡盛を飲ませる店もある。観光客と地元の買い物客で賑わうアーケードの商店街だ。

開店は二〇一一年十一月十一日。日本一狭い古本屋として知られた「とくふく堂」を引き継ぐ形で、宇田智子さんが店主となり、リニューアルオープンした。間口百五十センチ、奥行き百八十センチと店内は狭小だが、可動式の本棚と平台を路上に出して実質的な売場面積は三坪を確保。棚には新刊本も含め、沖縄本がずらりと並ぶ。宇田さんは横浜で育ち東京の大学を卒業し、ジュンク堂書店に入社したナイチャーである。池袋本店で人文書を担当していたが、那覇店が開店する際に志願して異動。その二年後にひとりで古本屋を始めることになった。沖縄とは縁もゆかりもない内地の人間が、どういう経緯で古本屋を開店することになったのかを説明するスペースはここにはないので、興味のある方は宇田さんの二冊の著書『那覇の市場で古本屋』（ボーダーインク）と『本屋になりたい』（ちくまプリマー新書）をどうぞ。

（2016年5月号）

市場の古本屋ウララ
沖縄県那覇市牧志3-3-1
市場中央通り牧志公設市場前
営業時間　11:00-18:00
定休日　日曜、火曜

ホームページ　ツイッター

市場の古本屋ウララのおススメ:『オキナワなんでも事典』は総勢120名による辞典ふうエッセイ集。地元の郷土料理研究家が民話や起源から教える『沖縄の祭祀と行事料理』。『台湾地図』は文化や風俗が可愛いイラストで描かれ、言葉が分からなくても楽しめる。沖縄と台湾は交流がさかんです。

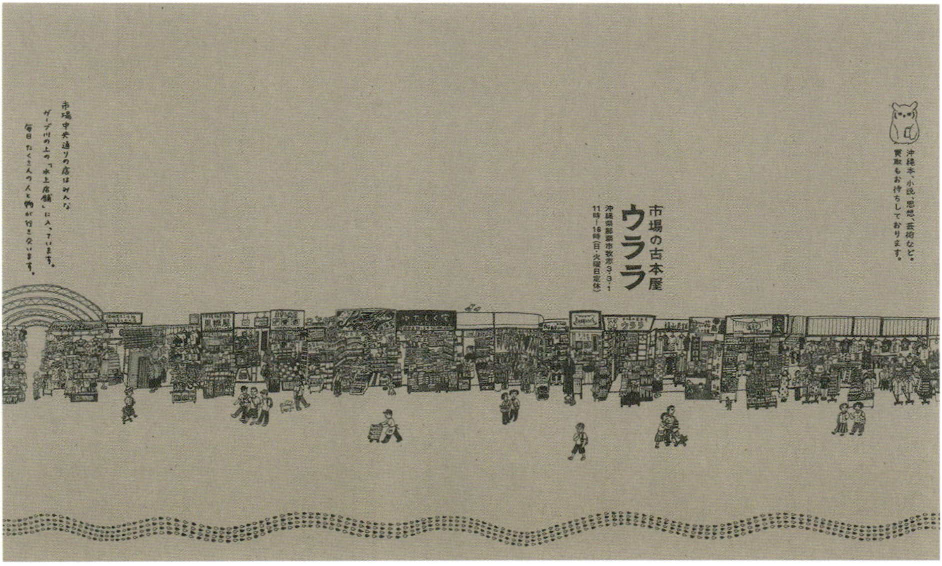

広がる店内
書楽阿佐ヶ谷店

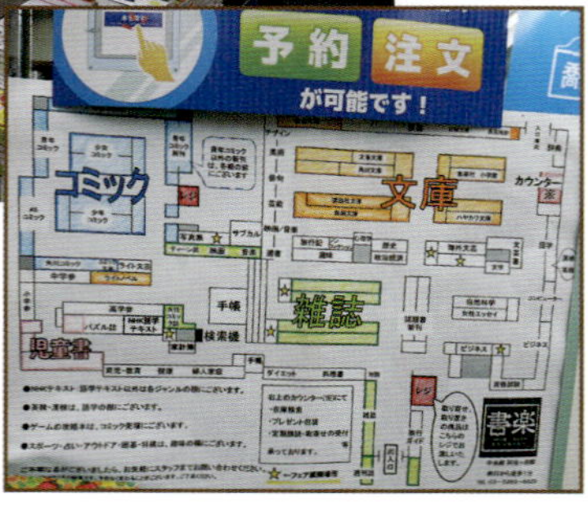

COMIC
児童書
つまをめとらば
青山文平
直木賞受賞作
流
東山彰良
本屋大賞
ノミネート!!
スクラップ・アンド・ビルド
羽田圭介
世界遺産
作家の手紙
ここが私の東京
北野武
新しい道徳
追いかけるな
芥川賞受賞!
又吉直樹
火花
森田真生
数学する身体
羊と鋼の森
宮下奈都
古本屋
小雨日記
小泉今日子
教場
芥川賞、受賞!
昭和史
半藤一利
この名曲が凄すぎる
百田尚樹
2015年
年間ベストセラー
新書
総合
31位
家族という病
下重暁子
ラオスにいったい何があるというんですか?
とと姉ちゃん
第1位
自伝的エッセイ
村上春樹
『職業としての小説家』
家族のために我慢をするのは不毛である。

女心をくすぐるデザインコレクション
ロゴと展開
印刷・加工のデザインアイデア
日本のヴィンテージ・ギター
名刺ワンダーランド2
レイアウト手法別 広告デザイン
一目で伝わる構図とレイアウト
和ごころを伝えるデザイン
強さを引き出すブランディング
デザインの魂は細部に宿る
思わず目を引く広告デザイン
1枚で伝えるデザイン
オーディオ風土
楽典
音楽記号事典
一番よくわかる楽典入門
クラシック入門
オペラの楽しみ方完全ガイド
クラシック音楽ガイド
ピアニストガイド
日本の吹奏楽史
〈戦後〉の音楽文化
これだ！オーディオ術2
クラシック名盤楽聖物語
フルトヴェングラーの風景
フルトヴェングラーの地平
ジョン・ケージ
クラシック・マニア道入門
カラヤン
フルトヴェングラーを追って
クラシック廉価盤ガイド
クラシック100バカ
クラシック音楽と女性たち
まるごとピアノの本
まるごとアコーディオンの本
まるごとヴァイオリンの本
まるごとトランペットの本
まるごとサックスの本
まるごとドラムの本
同人音楽とその周辺
編曲家

新潮新書
ラストがっ
時間の習俗
松本清張
写楽
島田荘司
ミステリー＆サスペンス
魔術はささやく
この君なくば
葉室 麟
山本一力

クレイジージャーニー

現代の超克
奴隷のしつけ方
マルクス・シドニウス・ファルクス
ヤマザキマリ推薦!!
占いにすがる
つかこうへい正伝
長谷川康夫
手紙を書いてマスコミにPRする方法
圏外編集者
都築響一
紋切型社会
武田砂鉄
触楽入門
捏造の科学者
天皇家の経済学
本音で生きる
堀江貴文
SB新書新装刊!
我が闘争
格闘者
真説・長州力
この国の重大事実
余命三年時事日記
自分を開く技術
人を動かす
Mourinho
鉄骨クラブの偉人
山口組分裂
イナカ川柳
ヤクザ
山口組
男の品位
大麻解禁の真実
黒い人脈と野球選手
プロ野球死亡遊戯
赤い心
牛を飼う球団
失われた甲子園
歴史の遺訓に学ぶ
モンスター・マザー
日本人はどこから来たのか?
無戸籍の日本人
佐藤優氏激賞!

JR中央線阿佐ヶ谷駅南口を出て三十秒ほど、駅前ロータリーの右手に書楽阿佐ヶ谷店はある。一間強と間口が狭く、入口の手前には学年誌や漫画雑誌のラックが並んでいるので、一見すると普通の駅前書店だ。自動ドアをくぐり抜けると、左に雑誌、右に旅行・ガイドの棚が通路状に三メートルほど続き、右手にレジ、突き当たりに新刊平台がある。ここまで来ても、まだ普通の駅前書店のようだが、新刊平台から左側に棚がずらーっと列をなしていることに気づいて、おお、と驚きの声があがるかもしれない。実は間口からは想像がつかないくらい横長に奥が広がっているのだ。

一九八一年の開店当時は八十坪ほどだったが、九六年に左奥のコミック売場を増床し、現在の売場面積は百十四坪。昨今の書店としては決して広くはないが、「あそこに行けばあるだろうなと思われるものは置くというのが方針」と茂木信一店長が言うとおり、人文書は基本書がきちんと揃っているし、文芸書からビジネス、実用、資格、コンピュータ、学参、語学、児童書、婦人家庭等、ジャンルも満遍ない。古典と評価の高いものは置くのがポリシーの文庫は棚数、在庫数とも充実している。出版社別五十音順という文庫棚が示すようにオーソドックスだが、偏りのない緻密な棚づくりがうかがえる気持ちのいい書店なのである。

（2016年6月号）

書楽　阿佐ヶ谷店
東京都杉並区阿佐谷南3−37−13　大同ビル1F
JR中央線阿佐ヶ谷駅南口すぐ
営業時間　9:00−24:00（日・祝 −23:00）　年中無休

ホームページ　ツイッター

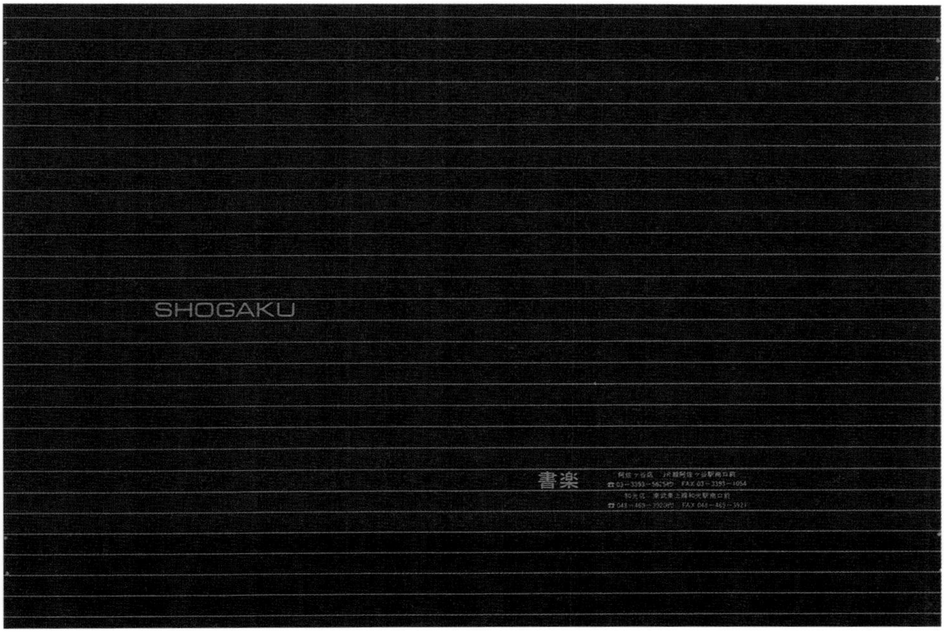

本の町を牽引する横綱

東京堂書店神田神保町店

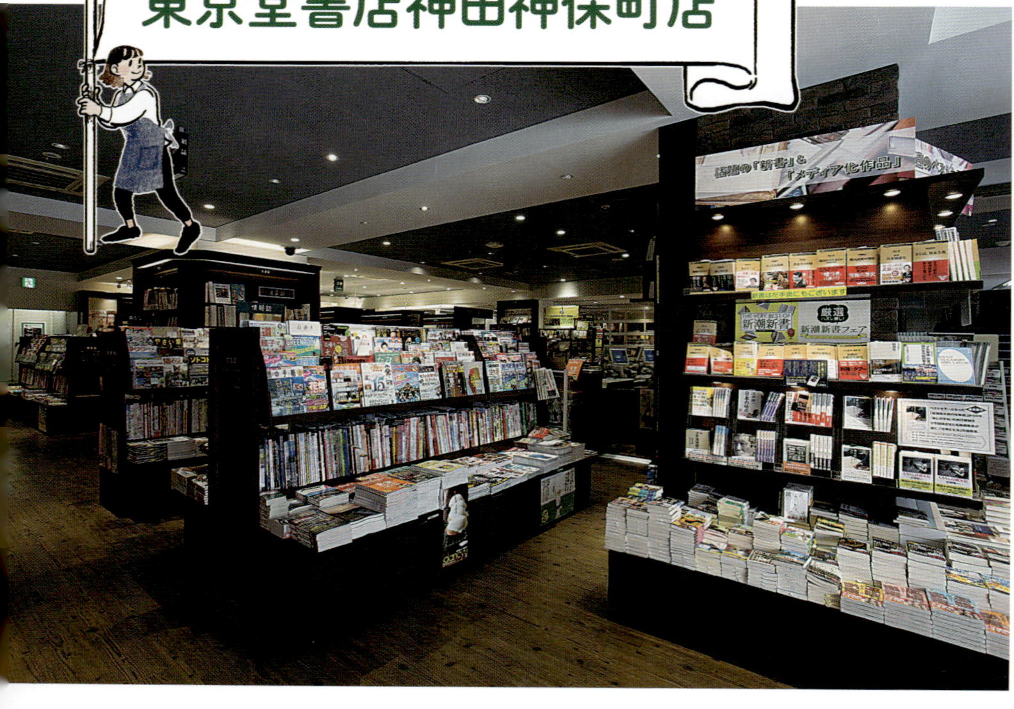

江戸・東京
食・酒を読む!!
「江戸・東京に関する書籍」のコーナーは
レジカウンター前の棚にございます。
(小説・ドキュメント・東京人バックナンバー等
面白本を多数揃えてございます!)

1493
昭和天皇実録
幻の同盟
CIVIC ECONOMY in JAPAN
東京β
Who Gets What
ネット炎上の研究
歴史家の城歩き
第一次世界大戦を考える

“知”
The Fountain
荻窪家族プロジェクト物語
理系に学ぶ。
池谷裕二
脳はなにげに不公平
戦争の物理学
地中生命の驚異
鳥の不思議な生活
死を迎える心構え
入口
演説歌とフォークソング
続ピカソの世紀
鈴木茂
初の自伝
ピカソ
大学の日本史
日本古代史
本書は不遜な歴史書だ!
スタシス
爆発の表象
民主主義を直感するために
「いつまでも従っていると思うなよ!」
國分功一郎

現代文学評論
IA5001
村上春樹
IA4K01
江藤淳と大江健三郎
江藤淳の言い分
芥川賞物語
直木賞物語

われわれは圧倒的にまちがえる
刊行記念フェア
村に火をつけ、白痴になれ
伊藤野枝伝
栗原 康
愛と暴力の現代思想
この腐った社会にツバを吐きかけろ。ケンカ上等の現代思想。
PIRATE UTOPIAS
海賊ユートピア
わら一本の革命

今週のベストセラー
bestsellers of the week
THE COMPLETE WORKS 1946-2015 TAMIYA
TAMIYA 70年の軌跡のすべて
美篶堂とつくる
大人ごはん

神保町すずらん通りにある東京堂書店神田神保町店は一八九〇年（明治二十三年）創業という老舗中の老舗にして本の雑誌社から最も近い新刊書店だ。直線距離で二十メートルほど。だから、毎日誰かが顔を出している。一階左側の自動ドアから入ると、本の雑誌のブックカバーがワゴンに多面積みされているし、エスカレーターで二階に上がると右手に本の雑誌社の本の棚がある。すばらしい！としかいいようがないが、もちろん毎日通う理由は近いから、だけではない。「人間の〝活動〟を掴むフロア」と命名された二階専門書売場、「人間の〝思考〟を辿るフロア」と命名された三階の文芸書売場は、一周するだけで日々新しい発見があるし、三階に新設されたアウトレットコーナーのセレクトも興味深い（坪内祐三棚はすごく売れているそうだ）。月替わりで更新される各階のフェアに集められる本もいつもなにかを教えてくれる。しかしなにより刺激的なのは「〝知〟の泉」と名づけられた一階の新刊台だろう。文芸書から人文、社会、サブカル、芸術書まで、近刊が一堂に並ぶ威風堂々とした「島」を毎日チェックするだけで、日本の新刊をすべて網羅した気になるから不思議だ。ちなみに一階は「人間の〝未来〟を読むフロア」。棚を眺めるだけでひとつ賢くなったような気になるのは老舗の力なのだろう。

（2016年7月号）

ホームページ　ツイッター

東京堂書店神田神保町店
東京都千代田区神田神保町1−17
東京メトロ、都営地下鉄神保町駅から徒歩3分
営業時間　10:00−21:00（日・祝は20:00まで）
年始を除き無休

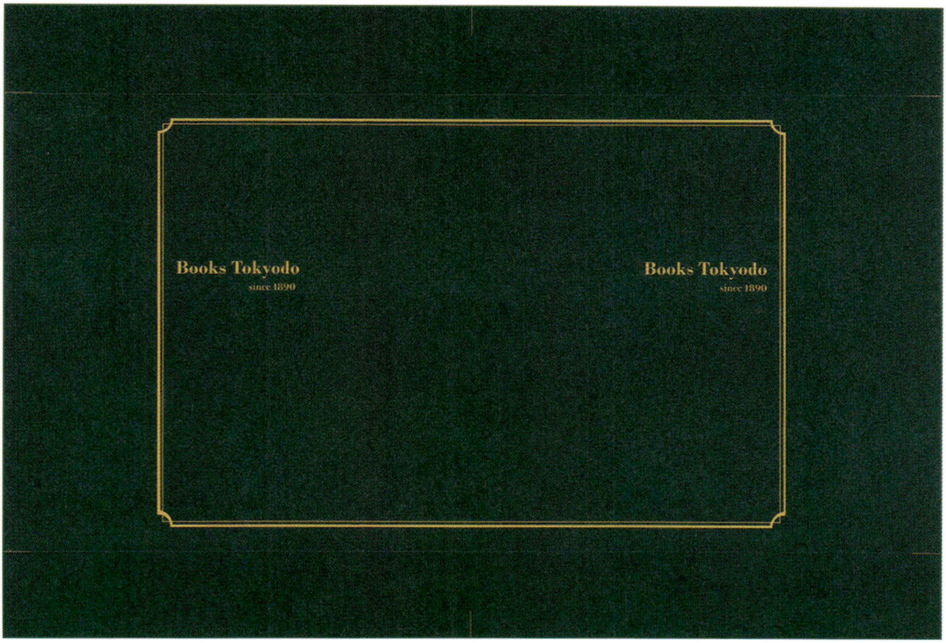

好きなものをじっくり売る

良文堂書店松戸店

今日から始める 現代ヨーロッパ文学
日の名残り
地図と領土
天国でまた会おう
朗読者
心臓抜き
わたしの名は赤
青い脂
国家はなぜ衰退するのか
子供の作文、読んでみませんか？
巨人たちの落日
凍てつく世界
太平洋戦争、開戦！
永遠の始まり
大聖堂
通い猫アルフィーの奇跡
『巨人たちの落日』『凍てつく世界』『永遠の始まり』20世紀の百年間を舞台に描く超大作。正直言うと『大聖堂』に比べ歴史的事実の制約がある分、若干面白さは落ちます。ただ、相変わらず登場人物が魅力的で感情移入してしまうため、悲しみや苦しみ、そして喜びなどがそのまま伝わってきて、まさにその時代のその都市にいるような臨場感を味わえます。読み終えたあと、今まで単なる過去の出来事であった20世紀の歴史が、全身に迫ってくるというこの充足感は、ちょっと他にない体験です。ぜひ挑戦してみてください。
すぐ家に帰って、だれか大切な人を抱きしめたくなるような本です。
長く幸せにくらしてきたカンガルーの夫婦。でも、
ある日、妻はそんな日々の記憶を失いはじめ
少しずつ現実世界をはなれていってしまう…。
夫から妻への永遠のラブレターを、さだまさし

戦地の図書館
海を越えた一億四千万冊
煉瓦を運ぶ
イン・アメリカ
スーザン・ソンタグ
かくして、女優はアメリカへ渡った
ゴールドフィンチ
ドナ・タート
プラハの墓地
プラハの墓地
プラハの墓地
海外文庫最新刊
知の巨人エーコが遺した現代への警鐘
続々重版!!
読売新聞
朝日新聞
公文書館員ビーチャー
公文書館員ビーチャー
大統領の密書!?
白夜の一族
白夜の一族
呪われた因縁を
ボーン・アナリスト
剣より強し
ジェフリー・アーチャー
剣より強し
ジェフリー・アーチャー
レッド・ライジング2
黄金の後継者
オービタル・クラウド
藤井太洋
子どもたちは狼のように吠える 1
地本草子
全ての大人を高く吊るせ!
一寸先に闇が待つ驚愕の新展開!
運命激変の最新刊発売!
ジェフリー・アーチャー
剣より強し
乙野四方字

映像化コーナ
帰ってきたヒトラー
帰ってきたヒトラー 上
帰ってきたヒトラー 下
不思議の国のアリス
不思議の国のアリスが楽しくなる100冊
アリスBOOK Fair
LEWIS CAR
"下"の混乱を見れば
それも仕方ないな
NEW ARRIVALS
ハイ・ライズ
J・G・バラード
HIGH-RIS
THE JUNGLE BOOK
今年最強のエンタメ小説!
秘密
二度目の審判
JUDGMENT
迷路の男を探せ
猫は殺人事件がお好き
死神遊び
ささやかな手記
AMERICA BLOOD
BEN SANDER
タングステンおじさん
オリヴァー・サックス
ヒトラーのオリンピックに挑め 上
ヒトラーのオリンピックに挑め 下
スポーツ遺伝子は勝者を決めるか?
ルーフォック・オルメスの冒険
これぞフランス式ホームズ・パロディ
伝説の
PLAN
プランD
英雄か?
レモンケーキの独特なさびしさ
エイミー・ベンダー
最新傑作長篇。
あなたの予想を遥かに超える
意外な展開、そして胸を抉る真相!
2016年ベスト級の注目作!
埋葬された夏
黄金の時間

一路
桐島、部活やめるってよ
朝井リョウ
少女は卒業しない
何者

陸王
池井戸潤
勝利を、信じろ。
かばん屋の相続
半沢直樹
ロスジェネの逆襲

本屋大賞
堂々の第2位!!
陽だまりの彼女
階段途中のビッグ・ノイズ
越谷オサム
君の膵臓をたべたい
住野よる

仙台ぐらし
伊坂幸太郎
星月夜
不祥事
仇敵
下町ロケット2
七つの会議
BT63

FUJI ROCK 20th ANNIVERSARY BOOK
rockin'on
ロッキング・オン天国
完結
定番読書

松戸史談
房総の神輿
我孫子の地名と歴史
東葛寺社事典

ＪＲ松戸駅東口を出ると、すぐ右手に良文堂書店松戸店がある。駅からつながるペデストリアンデッキに設けられた入口は三階で雑誌と新刊の売場だ。二階から六階までの五フロアが売場になっていて、二階が児童書、四階が文芸・文庫、五階が女性コミックと学参、六階が男性コミックとラノベという構成。売場面積は五フロア合わせて百五十坪、四階売場は三十五坪程度だが、文芸・文庫のほかにビジネス、教養新書なども並んでいる。特筆すべきは文芸書と文庫が混在した形で著者別五十音順に並んでいることで、二〇一六年の春に、それまでの一般的な判型別、出版社別の並べ方から大きく変更したのである。出版社の番号順に並べるのと違い、著者別に棚を作るのは膨大な手間がかかるのだが、そのかいあって売行きは好調。単行本の既刊も動くようになり、まとめ買いも増えたそうだ。作家ごとのボリュームが出るので読んでいなかったことに気がつく人も多いのだろう、と担当の高坂浩一さん（当時。現在は退職）は分析する。

良文堂書店は昭和五年に東京京橋で創業。昭和二十九年に松戸に移転したが、近年、駅周辺に大型店の出退店が相次ぎ、そのたびに売場構成を変えてきた。一方で好きなものはじっくり売る店でもあり、高野秀行と越谷オサムの本は日本一売っているという。その秘訣は実際に店内で確認していただきたい。

（２０１６年９月号）

※現在は二階～四階で営業。

ホームページ　ツイッター

良文堂書店松戸店
千葉県松戸市松戸1－1225
JR常磐線松戸駅東口駅前
営業時間　10:00－22:30（2Fのみ20:30閉店　月～土3F のみ9:00開店
土・日・祝3F～4F　21:30閉店）　定休日元旦

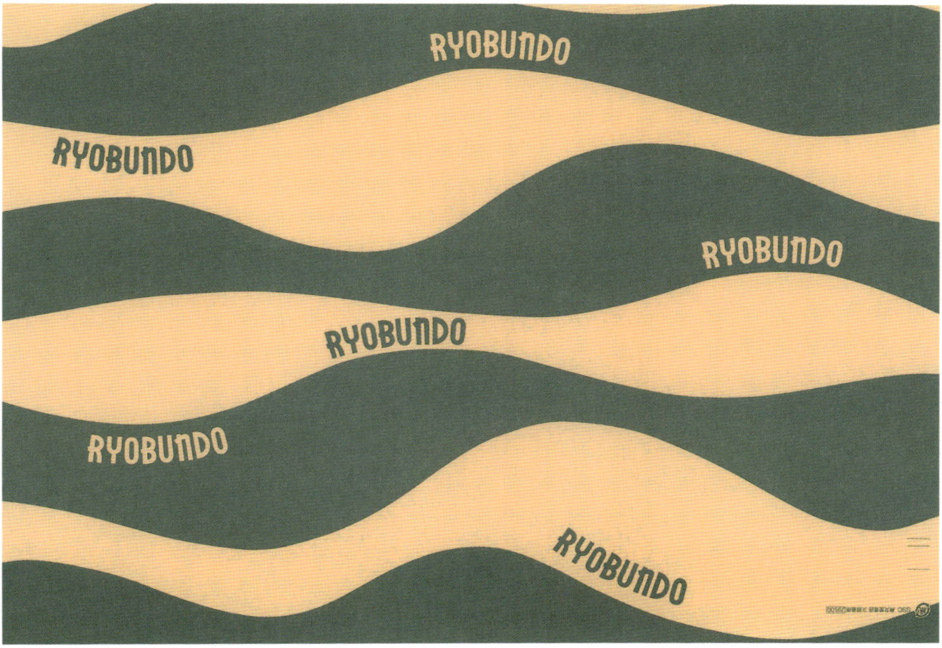

ダイヤモンド
会社の数字が
わかる伝説練習
会計力
決算書
100本ノック!

本
今野書店
コレクション西荻

MOS BURGER
クリーム
チーズ
CD&DVD
かがみの孤城
50万部
pen
Casa

第3章

2017.5

ミリタリー
LCC

通勤読書の強い味方
サクラ書店 ラスカ平塚店

山の本フェア
南アルプス鳥瞰絵図
MINAMI-ALPS Bird's-eye View
Newton
別冊フェア
ニュートンプレス
アルプス星夜
菊池哲男
山岳夜景の第一人者が撮り下ろした
3000mの星月夜
黒部の山人
山の不可思議事件簿
上村信太郎
ぼくの道具
石川直樹
南アルプス
鳥瞰絵図
日本百名山
トレッキング
コースガイド
上
日帰り
山あるき
ベスト130
関東周辺
丹沢
箱根
日帰り
山あるき
山を下りたら
山麓酒場
清野明
クルマで行く
山あるき
日本百名山
クルマで行く
ベストプラン
東京周辺
日帰りハイキング

平常心のコツ
大好評発売中
コツ シリーズ
こころを整えるための
対人力のコツ
人間関係が楽になる94の知恵
すぐやる!
おもてなしのコツ
やる気のコツ
忽ち重版
口ぐせだけですべてが変わる
逆境力のコツ
大切なことだけやりなさい
できる大人の「見た目」と「話し方」
人望が集まる人の考え方
Simplify Your Time
不確実性超入門
逆境を生かす人 負ける人
7つの習慣
覚悟の磨き方
No! マウス
速報!!
一流の育て方
超速 パソコン仕事術
そんな方法あったんだ!
笑う人には福来たる

地縛少年花子くん
高嶺の花なら落ちてこい!!
結婚指輪物語
サクラ書店駅ビル店様
「鬼を飼う」よろしくお願いします。
吉川景都
鬼を飼う
猫とふたりの鎌倉手帖
百貨店ワルツ
マツオヒロミ
MATSUO HIROMI
厳選作品集

宮下奈都
ブランチブックアワード大賞
宮下奈都文庫作品チャート
羊と鋼の森
史上初!堂々の三冠受賞
本屋大賞
キノベス!2016 第1位

神奈川本大賞
白バイガール
PEOPLE
ベルマーレ編
カラダにいいこと大全
そんなの関係ねぇ!
ツバキ文具店
小川糸
佐藤青南
4522敗の記憶
泣き虫でも

外国文学
面白さ保証します
その他・ノンジャンル
本当に面白い本をオススメするコーナー
小説

平塚駅の駅ビル・ラスカの五階にサクラ書店ラスカ平塚店はある。グルメ&ホビープラザのフロアで、食堂街への入口のような位置だ。エスカレーターを降りると真正面が入口、左右にフェア台が広がる。右は新刊と週間ランキングの本、湘南ベルマーレのタオルを巻いたYonda?が置かれた左のスペースの最上段には「宮下奈都」という蛇腹状のポップがどーんと飾られ、透明なアクリル板に宮下奈都さんの似顔絵、手書きの色紙、ピアノの模型などが並んでいる。左端で威容を誇っているのは『舟を編む』の辞書「大渡海」の巨大な模型だ。よく見ると、右のフェア台にも『羊と鋼の森』が四面積みになっていて、似顔絵入りポップで彩られている。ゆったりとした通路を進むと至るところにポップが飾ってあるのが目に止まるが、それがどれも独創的。なんとこの店には工作部というのがあって、店長はじめ、三人で立体的なポップを手分けして作っているのである。もちろん独創的なのはポップだけではない。文芸書の棚の平台は本が棚に対して斜めに積んであって、一瞬、あれっと思うが、ポップと同様、違和感を覚えてもらうための工夫だという。「面白さ保証します」という店長のお薦めコーナーも自信たっぷりで斬新だ。『平塚食本』を半年で三千二百冊販売した街の本屋さんはアイデアで勝負なのである。

（2016年10月号）

ホームページ　ツイッター

サクラ書店ラスカ平塚店
神奈川県平塚市宝町1−1　ラスカ平塚 5F
JR東海道線平塚駅直結
営業時間　10：00−21：00　年中無休

棚を見れば社会がわかる

はた書店

カール・マルクス
佐々木隆治
この人を見よ。
不平等との闘い
ルソーからピケティまで
稲葉振一郎
ピケティが示した
不平等の歴史的な展開を、
さらに歴史的に俯瞰する。
格差論の未来のために！
貧困の基本形態
マルクスとアソシエーション
田畑稔
ピケティ入門
資本の世界史
マルクス思想の核心
21世紀の社会理論のために
鈴木直
経済行動と宗教
寺西重郎
マルクス
最後の旅
ハンス・ユルゲン・クリスマンスキー
エンゲルス
マルクスに将軍と呼ばれた男
トリストラム・ハント
新自由主義的な弱肉強食の嵐が
日本社会を席捲しつつある状況で、
エンゲルスのヒューマニズムから
学ぶべきことがたくさんある。
佐藤優

日本の社会思想史
小野寺研太
相互扶助論
人を助けるとはどういうこと
居住の貧困
資本主義の克服
「分かち合い」の経済学
ハンナ・アーレント
責任と判断
生と思想の肖像
私的所有論
立岩真也
水野和夫
山本七平
戦争責任は何処に誰にあるか
知の巨人が「天皇と憲法」に迫る！
さくら舎
猪木武徳
自由の思想史
市場とデモクラシーは擁護できるか
自由は本当に「善きもの」か？
経済学の泰斗が資本主義の急所に挑む。
新潮選書
貧乏物語 現代語訳
河上肇
佐藤優
佐藤優
「貧困」の正体に挑む
不朽の名著×知の巨人
100年目のコラボレーション！
希望の資本論

人間をみがく
はじける知恵
岳飛伝
北方謙三
宇江佐真理
うめ婆行状記
お伊勢まいり
平岩弓枝
おおあたり
畠中恵
秋霜
本懐に候
山本音也
荒仏師 運慶
梓澤要
東山彰良
罪の終わり
流
公方様のお通り抜け
武蔵無常
つまをめとらば
青山文平
家康、江戸を建てる
門井慶喜
大人の流儀
伊集院静
別れる力
許す力
ジャッカ・ドフニ
津島佑子
小川洋子の偏愛短篇箱
小川洋子の陶酔短篇箱
千日のマリア
小池真理子
霧 ウラル
桜木紫乃
美麗島紀行
乃南アサ
長女たち
篠田節子
冬の光
ブラックボックス
放蕩記
村山由佳
モンローが死んだ日
小池真理子
サラダ記念日
加齢の恵み
声を届ける
猫を抱いた父
梯久美子
変愛小説集
乙女の教室
美輪明宏
あの家に暮らす四人の女
三浦しをん
かわいそうだね?
綿矢りさ
ニセモノの妻
三崎亜記
しょうがの味は熱い
鳥たち
吉本ばなな
イヤシノウタ
坂の途中の家
角田光代
拳の先
平凡
江國香織
大きな鳥にさらわれないよう
川上弘美
あこがれ
川上未映子
愛の夢とか
100万分の1回のねこ
千利休
消滅世界
村田沙耶香
EPITAPH東京
恩田陸
消滅
窪美澄
アカガミ
朝が来る
辻村深月
ハケンアニメ!
島はぼくらと
サラバ!
西加奈子
まく子
トットひとり
黒柳徹子
窓ぎわのトットちゃん
君に伝えたいこと
池上彰

文化人類学文献事典
現代経済学事典
心理学辞典
比較思想事典
法律学小辞典
法律用語辞典
経済辞典
現代経済学事典
地方自治小六法
地方議会改革100
市民派議員になるための本
神道の本
聖書の本
論語の本
イスラム原論
宗教原論
聖書
死刑
まちづくり編集会議
コミュニティのちから
NPOの教科書
エリアマネジメント
民主主義の逆説
経済原論
昭和へのレクイエム
日本精神史
日本の起源
アイヌの歴史
集合住宅物語
第二次世界大戦
暴力の人類史
性倒錯者
ヴァギナ

天才
京都
詳細地図
秋限定の京都
六星占術によるあなたの運命 細木数子
土星人の運命
金星人の運命
火星人の運命
天王星人の運命
木星人の運命
水星人の運命
平成29年版
全7冊絶賛発売中

CO_2と温暖化の正体
地球温暖化論のウソとワナ
だれでもできる環境家計簿
ヨーロッパ環境対策最前線
センス・オブ・ワンダー
ぼくはお金を使わずに生きることにした
環境問題の本質
省エネの常識
地球環境キーワード事典
塔の中の部屋
21世紀地球寒冷化と国際変動予測
ルポ にっぽんのごみ
農的な生活がおもしろい
食卓の不都合な真実
トランジション・ハンドブック
窮迫する世界のグリーン革命
なぜドイツではエネルギーシフトが進むのか
クリエイティブリユース
クルマのない生活
リサイクル幻想
低炭素経済への道
リサイクル社会への道
いちばん大事なこと
本質を見抜く力
低炭素革命と地球の未来

スタシス
Stasis
ジョルジョ・アガンベン
Giorgio Agamben
現代ヨーロッパと移民問題の原点
共生の社会学
CIAの秘密戦争
テロリスト・ワールド
国家と治安
「消費」をやめる
「あまのじゃく」に考える
連帯経済とソーシャル・ビジネス
コミュニティデザインの時代
コミュニティデザイン
シェアをデザインする
フリー
シェア
限界費用ゼロ社会
和の国富論
藻谷浩介
「和力」で日本経済は再生する！
まち
高齢退職後生活の質的創造
東京β
東京・都市再生の真実
内子座
「共生」の都市社会学
ポートランド
ハウジングと福祉国家
ぼくらがクラウドファンディングを使う理由《わけ》
12プロジェクトの舞台裏
〈インターネット〉の次に来るもの 未来を決める12の法則
ミライの授業
瀧本哲史
学校は、未来と希望の工場である──。
きみたちは「魔法」を学んでいる。

西武新宿線の野方駅南口から徒歩一分、野方ときわ通り商店街にはた書店はある。店頭に絵本の回転塔が立ち、入口左右の棚に週刊誌、幼児雑誌、少女漫画誌が並ぶ昔ながらの町の本屋さんといった風情だ。一階は十三坪強。雑誌をメインに辞書、実用、コミック、学参、児童、絵本、文芸、新書、文庫の新刊と旅行ガイド書が並んでいる。実ははた書店には「すぐにお金にならなくてもいい本」が並ぶ二階があるのだ。中央を吹き抜けにした二階は七坪で、一方の壁面に原発、沖縄、戦後史、憲法などテーマ別に分類された人文・社会系の本が並び、もう一方の壁面には文庫と新書が並ぶ。目を惹くのは岩波文庫と平凡社ライブラリーの充実だが、たとえば岩波文庫『茨木のり子詩集』の隣に中公文庫『清冽　詩人茨木のり子の肖像』（後藤正治）が並んでいたり、平凡社ライブラリー『日本奥地紀行』の隣に平凡社新書『イザベラ・バードと日本の旅』（金坂清則）が並んでいたりと芸が細かい。一九八一年九月に開店して三十数年。当初は二十九歳だった店主も今年（二〇一六年）で六十四歳になったが、棚を見れば社会がわかる書店を目指す姿勢に変わりはない。レジ奥の客注取り置き棚に刊行されたばかりの「井筒俊彦全集」別巻が二冊あり、撮影中に年配の男性が引き取りに来ていた。

（２０１６年11月号）

ホームページ

はた書店
東京都中野区野方5−31−6
西武新宿線野方駅南口から徒歩1分
営業時間　10:00−21:00（土曜は19:00閉店、日・祭日13:00−19:00）
定休日　日曜日

配達自転車フル稼働

ブックス音羽

最悪の将軍
世界が記憶であふれる前に
ヒポクラテスの憂鬱
プライベートバンカー
すごいお母さん、EU大統領に会う
ホームズ四世
BB/PP
松浦寿輝
月輪先生の犯罪捜査学教室
名探偵VS帝大生
戦国24時
日本核武装
新宿物語'70
四人組がいた。
光のない海
スローバラード
失踪者
ガラパゴス
屋上の道化たち
童貞だ。
始皇帝の永遠
反社会品
POLAR STAR
エウレカの確率

1日10分でちずをおぼえる
大きなパズル
さよなら ママがおばけになっちゃった!
シリーズ累計53万部突破!
ママ……、こまらせて ごめんね。
どんぐりむらの だいくさん
なかや みわ・さく
どんぐりたちが大人気!!
すてきなおうち、つくります!

とんでもない
鈴木のりたけ
みんなちがって　みんなたいへん！
でも、すきなことって　あるよね。
コロッケ　できました
ありのごちそう
ぼくたちが越して
そいつはそこ

Louis Braille
ルイ・ブライユ
世界の偉人
実験対決
発明対決
科学館
日本の世界遺産
爬虫類・両生類
水の生き物
危険生物
動物
昆虫
植物
花
鳥
恐竜
魚
星と星座
鉄道
人体のふしぎ
サプリメント健康事典
検査値の読み方

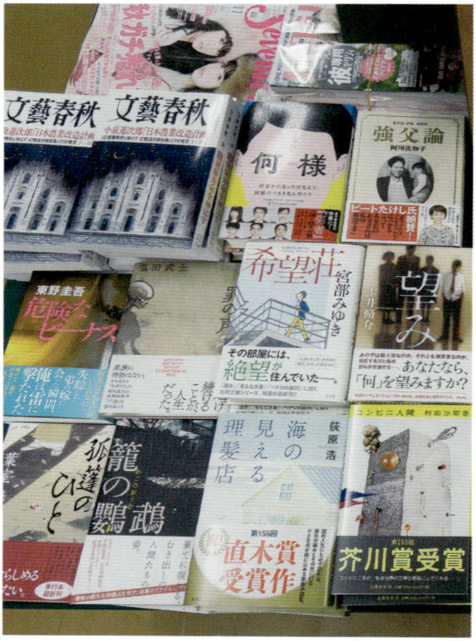
文藝春秋
何様
強父論
阿川佐和子
希望荘
宮部みゆき
東野圭吾
危険なビーナス
望み
孤蓮のひと
籠の鸚鵡
海の見える理髪店
荻原浩
直木賞受賞作
芥川賞受賞

女の七つの大罪
林真理子
小島慶子
泥名言
白石
記憶の渚にて
私の消滅
中村文則
波平さん
マスオさん

地下鉄有楽町線護国寺駅六番出口から地上に上がり、音羽通りを護国寺方向に一分ほど歩いたところにブックス音羽がある。店頭のラックに週刊誌が並ぶ間口二間ほどの町の本屋さんだ。緑の什器で統一された売場は二十坪弱で、左側は入口から旅行ガイド、雑誌、実用、語学と続き、突き当たりが児童書、右側は文芸、ビジネス・ノンフィクション、新書、コミックと続く。正面は新刊平台で右が文庫、左が雑誌の棚だ。坪数のわりに文芸書の比率が高いのは講談社、光文社など大手出版社が至近だからだろう。開店は二〇〇二年。書店勤務だった柴山社長が独立して開業した。当初は音羽通りの向かい側で営業していたが、一年前に西日の当たらない西側に移転。坪数は変わらないが、通りを渡っただけで学生が減るなど、客層には微妙な変化があったそうだ。年配の男性客が中心だが、そもそも人口が少ない町なので外商に力を注いでいる。近隣の美容室、飲食店はもちろん、会社や学校にも配達しているため、入荷した本の半分が店頭に並ばないこともしばしば。手間もかかるし時間もかかるが、天候に左右されないのが外商のメリットだという。現在は柴山夫妻と娘の相田志都さんの三人で切り盛りするが、レジに立つ相田さんの隣では早くも三代目（候補？）がなじみ客からもらったおもちゃでお店を広げていた。

（２０１６年12月号）

ブックス音羽
東京都文京区音羽2－11－21
東京メトロ有楽町線護国寺駅6番口から徒歩1分
営業時間　平日9:00－21:00　土曜・祝日9:00－20:00
定休日　日曜

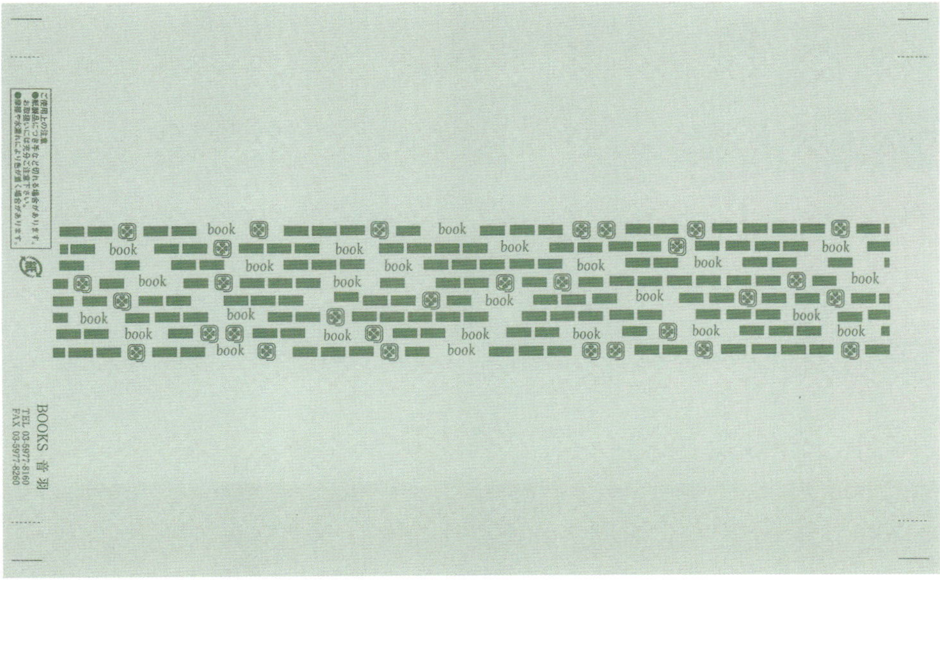

リニューアル

ベストセラー量産

丸善お茶の水店

文庫
丸善お茶の水店さま
「たまちゃんのおつかい便」
読んで、泣いて、スッキリして下さい!!
素敵な読書の時間をあなたへ贈ります!!
文庫担当者 おすすめ本!!!
"宝箱"の秘密を知った時きっとあなたは泣き崩れるでしょう
森沢明夫にハズレなし!!!
この本に出会えた事に「ありがとう」と言いたい!...
どうしてこんなにも心に響く物語を描けるのだろうか?文庫担当激押しの一冊!!
たまちゃんのおつかい便
森沢明夫
きらきら眼鏡
最後の1ページまでせつない、大人の輝きラブストーリー
エミリの小さな包丁
海を抱いたビー玉
あおぞらビール
月の上の観覧車
ママの狙撃銃
荻原浩
津軽百年食堂
青森ドロップキッカーズ
癒し屋キリコの約束
ヒカルの卵
ミーコの
ミッドナイト・バス
伊吹有喜
虹の岬の喫茶店
夏美のホタル
あなたへ
追悼 高倉健 最後の主演映画
満月の道
宮本輝
本日は、お日柄もよく
原田マハ
ロボット・イン・ザ・ガーデン
楽園のカンヴァス
星がひとつほしいとの祈り
大事なことほど小声でささやく
海賊同心、参る!
紫匂う
葉室麟
戦国北条記
伊東潤
栄光と没落
ライムライト
浅田次郎

問題は英国ではない、EUなのだ
21世紀の新・国家論
エマニュエル・トッド
予言はいかにして可能なのか?
現代最高の知識人の最新作!
住友銀行秘史
國重惇史
その時、ひとりの男が立ち上がった。
保身に走る上司とぶつかり、裏社会の勢力と闘ったのは、銀行を愛してやまないひとりのバンカーだった
イトマン事件
幹部たちの激しい人事抗争を実名で明かす
早くも10万部突破!
欧州複合危機
EU分裂と世界経済危機
グローバリズム以後
グローバリズムが世界を滅ぼす
E・トッド
本当の危機はこれからやってくる!
それでも、日本人は「戦争」を選んだ
加藤陽子
戦争まで
歴史を決めた交渉と日本の失敗
科学史入門
はじめてのサイエンス
池上彰
おとなの教養
恐怖の地政学
現代の地政学
ゼロからわかるキリスト教
沿線格差
港区904万
足立区323

ひとひらの雪
渡辺淳一
野分けのあとに
Visions
メアリー・スーを殺して
100万分の1回のねこ
黒書院の六兵衛 上 浅田次郎
黒書院の六兵衛 下 浅田次郎
天子蒙塵 一 浅田次郎
維新の肖像 安部龍太郎
おんなの城 安部龍太郎
闇の平蔵 逢坂剛
眩 朝井まかて
最悪の将軍 朝井まかて
つまをめとらば 青山文平
励み場
半席
鼠地獄
風を繍う
劉邦 中
劉邦 下
地上の星 村木嵐
BUNGEISHUNJU
『流しの下のうーちゃん』
異界《いかい》へようこそ
初めて漫画を描いてみました
吉村萬壱
迷っても、前へ
自分を信じて生きていく三姉妹の姿に勇気をもらえます。
明日の食卓
息子を殺したのは、私ですか?
流しの下のうーちゃん
異類婚姻譚
本谷有希子
芥川賞受賞!
山田詠美氏
村上龍氏
真実の10メートル手前
米澤穂信
聞かせて。あなたの話を。ここで何が起きたのかを。

むだ死にしない技術
堀江貴文
言葉にできるは武器になる。
世界のエリートがやっている 最高の休息法
久賀谷亮
超一流の雑談力
GRIT やり抜く力
シリコンバレー式 自分を変える 最強の食事
LIFE SHIFT 100年時代の人生戦略
スタンフォードの心理学講義 人生がうまくいくシンプルなルール
ケリー・マクゴニガル
最強の働き方
ムーギー・キム
仕事のIQを高めよ
一流の育て方
自分の価値を最大にする ハーバードの心理学講義
考える力がつく本
池上彰
ものの見方が
考える技術・書く技術
自分の時間
成功している人は、なぜ神社に行くのか?
図解 働き方
稲盛和夫

使用人たちが見たホワイトハウス
最後の箱根駅伝
探検家、40歳の事情
角幡唯介
漂流
角幡唯介
四字熟語で英語で覚えます
死因大全

ゴーレム
ウッツ男爵
ピンフォールドの試練
ある青春
黒い時計の旅
ゴドーを待ちながら

別対策
年度版大学別入試問題集
学参
壁面B
京都大学
早稲田大学
慶應義塾大学
東北大学
筑波大学
千葉大学
東京大学
一橋大学
名古屋大学
青山学院大学
北里大学
2017

ＪＲ中央線御茶ノ水駅の御茶ノ水橋出口と聖橋出口のどちらから歩いても一分、南側の土手沿いに連なる商店街の中央に丸善お茶の水店はある。東京メトロ千代田線新御茶ノ水駅からも徒歩一分の駅前書店だ。店頭の広場では名物ともいえるワゴン販売が連日開催され、開店から賑わいを見せている。五カ月に及ぶ改装を終え、二〇一六年十月十七日に新装オープンした。従来の一階売り場に二階百五十坪が加わり、売り場面積は四百坪に増床。二階は芸術、学参、コミック売り場だが、学参は二倍にコミックは三倍に広がり、学生街でもあるので、学参は広げた分だけ売り上げが上がっているという。什器も一新。一階売り場は中央の棚の高さが抑えられ、通路も広くなった。改装前は駅前という立地のせいか、パッと来てパッと帰る、客の滞在時間が比較的短い店だったが、改装以降はずいぶん長くなった印象を受けていると、書籍グループ長の吉海裕一さんは言う。仕掛けのお茶丸と呼ばれるほど、ポップと多面積みで独自のベストセラーを生み出してきた店だが、今回の増床をきっかけに、棚差しの本でも勝負できるよう棚の一層の充実に力を注いだ成果か、最近は仕掛けの本一冊ともう一冊、ゆっくり棚を見て買っていく客が増えたらしい。それが理想でしたから、と吉海さんが笑うとおり、お茶丸は理想の書店に近づいているのである。

（2017年1月号）

丸善　お茶の水店
東京都千代田区神田駿河台 2-8　瀬川ビル 1 階2階
JR中央線お茶ノ水駅から徒歩 1 分
営業時間　平日 10:00-20:30　土 10:00-20:00　日・祭 10:00-19:00

ホームページ　ツイッター

台風が来たら本屋で過ごそう

山田書店／タウンパルやまだ

琉球王国時代
八重山の地域性
宮古島の英雄伝
南獄記
家庭料理
小浜島
鳩間島
新城島

新刊コーナー
読まずに
死ねるか！
沖縄文庫本コーナー

やまだ
こんなの出ました！
沖縄文庫本コーナー
やまだ
取れたて新鮮！
シャングリ・ラ
池上永一
当店のイチオシ！
風車祭
テンペスト
トロイメライ
琉球処分
ひめゆり
沖縄の島守
田村洋三
私の沖縄戦記
沖縄 だれにも書かれたくなかった戦後史
佐野眞一
沖縄NOW! 裏道
10万人を超す命を救った沖縄県知事・島田叡
新書 沖縄読本
沖縄を知ることは日本を知ることだ
沖縄現代史
おもろさうし
沖縄県大の古典
古代沖縄の社会
集団自決の真実
曽野綾子
綾瀬はるか「戦争」を聞く
大切な記憶

沖縄初の学習漫画
全集発刊!!
むんならーし

八重山手帳 2017
八重山諸島のご当地手帳!
シーシー判
アンガマ判
お待たせしました!!
2017年
南の島ダイアリー
1,300+税

紙で作る!
沖縄の生物
アンガマ
新聞投稿に見る百年の沖縄

山田書店／タウンパルやまだは日本最南端の新刊書店である。店を構えるのは石垣島一の繁華街、公設市場や土産品店が軒を連ねるユーグレナモール銀座通り。「沖縄県産本　品揃え沖縄一!?…かも?」という立て看板が目印だ。創業は一九五二年、二〇〇〇年に現在地に移転し、別々の店舗だった文具店と書店を統合した。百五十坪の店内は文具と印鑑の売場が半分、本が半分で、天井から生えた緑の草や床置きの大きなスピーカーが目を惹くが、なんといっても看板のとおり沖縄、八重山関連書の充実がすごい。沖縄一を謳うだけあって、入口近辺に置かれた八棹の背の低い本棚に沖縄県産本がぎっしり。歴史、戦争関係から芸能、食、生物、風俗、図鑑とジャンル別に四、五千冊が揃っているのだ。文庫棚には沖縄文庫コーナーと銘打った棚も四棹あり、『古琉球』『沖縄の島守』『琉球の時代』等、専門的な本に交じって池上永一の一連の著作や奥田英朗の『サウスバウンド』なども並んでいる。沖縄出版の『方言でしらべる沖縄の魚図鑑』や南山舎の『八重山手帳』が売れ筋で、民謡の楽譜や魚のポスターも人気らしい。沖縄文庫Tシャツや絵葉書、地元のアーティストのCDなど、観光客向けのグッズも充実しているが、メインはやはり地元客。郷土のことをもっと知ってもらいたい、と地元客に向けても沖縄県産本を展開中なのである。

（2017年2月号）

ホームページ

山田書店／タウンパルやまだ
沖縄県石垣市字大川204番地　丸喜屋ビル1F（ユーグレナモール内）
石垣港離島ターミナルから徒歩7分
営業時間　平日9:00－21:00　日曜10:00－21:00
年中無休（※台風時でも状況により営業）

タウンパル
やまだ
人がすき、街がすき、笑顔がすき！

タウンパル
やまだ
人がすき、街がすき、笑顔がすき！

校正会社が経営

かもめブックス

須賀敦子翻訳賞受賞作
IL MOSAICO DEL TEMPO GRANDE
偉大なる時のモザイク
サザビーズで朝食を
シャガール、ミロは、ブルーが多いほど高額に?
ゴッホは自殺したからこそ、価値が高まった?
アーティストの"狂気"は市場に影響を及ぼす?
青春怪談
の教科書
人住む物件、35軒
AtoE

あおの
じかん
せかい いち
おいしいスープ

Little Nemo
in Slumberland
アニメーター
が教える
線画デザイン
の教科書
THE INCAL
夢見ることは
生きること

TVアニメ化
決定!

ハリー・ポッターと呪いの子
J.K.ローリング
千葉雄大
坂下町
にほんご
短歌を詠む科学者たち
現代国語例解辞典
ベネッセ表現読解国語辞典
常用字解
白川静
漢字の世界へ
週刊誌記者 近松門左衛門
近松が見た遺骸の白い足
翻訳問答
翻訳問答2
カステラ
多和田葉子
英語という選択
外国語の水曜日
身ぶりと言葉
言葉はなぜ生まれたのか
百学連環を読む
文学熱の時代
見て読んで書いて、死ぬ
高山宏
世界は
本を読む
読みなおす一冊
プリズン・ブック・クラブ
戦地の図書館
ハーレムの闘う本屋
菊池英也自選短篇集
もはや麻薬ではなく書物なのだ
図書館大戦
読みたくなるストーリーの

ジャズには理由がある
MOTOWN
conversation with the BLUES
9人のギタリスト
MILES SPEAKS
ジャズメン、ジャズを聴く
笑う洋楽展
オセロの勝ち方
キャンピングカー生活大全
GRACE KELLY
BEFORE THEY PASS AWAY
YOKAI NO SHIMA
WILDER MANN
The RAP
ラップ・イヤー・ブック
文化系のためのヒップホップ入門
昭和歌謡
大衆音楽の真実
クラシック名盤復刻ガイド
うたのしくみ

神楽坂駅矢来口から徒歩三十秒のかもめブックスは校正・校閲の専門会社「鷗来堂」が運営する書店だ。開業は二〇一四年十一月。全面ガラス張りの開放的な入口を開けると手前がカフェで奥がギャラリー。その間を本と文具が占めるレイアウトだが、中央の本棚が百四十四センチと低めで、入口から奥までが見通せるからだろう、本の売場も二十三坪と思えないほど広々としている。入口正面は特集棚で、撮影当日は「ことばのゆくえ」と題したフェアを展開中。『紋切型社会』『圏外編集者』などに交じって『ドキュメンタリー・ストーリーテリング』『トランプ』といった意外な本までジャンル不問で並んでいる。特集の選書は社長以下五人のスタッフ全員で行い、並べた際にキャッチーになるよう本の色合いまでも配慮。手に取りやすいように文庫を入れたり、相当考えて棚面を作り込んでいるそうだ。常設の棚も「本をつくる人・もの」「呑んで呑まれて」「世界と触れあう体」等、テーマで分類され、新刊コーナーは「かもめエクスプレス」と命名されている。となると、とっつきにくいセレクトショップのようだが、「本を読まない人にどう届けるか」を店の主眼にしているだけあって、老若男女に開かれた居心地の良さがある。書籍の在庫は七千点から八千点と決して多くはないが、知らない本が山ほどあるような錯覚に陥る、好奇心がくすぐられる書店なのである。

（2017年3月号）

かもめブックス
東京都新宿区矢来町123　第一矢来ビル1階
東京メトロ東西線神楽坂駅矢来口から徒歩 30 秒
営業時間　月〜日11:00−21:00　水曜定休（祝日の場合は営業）

ホームページ　ツイッター

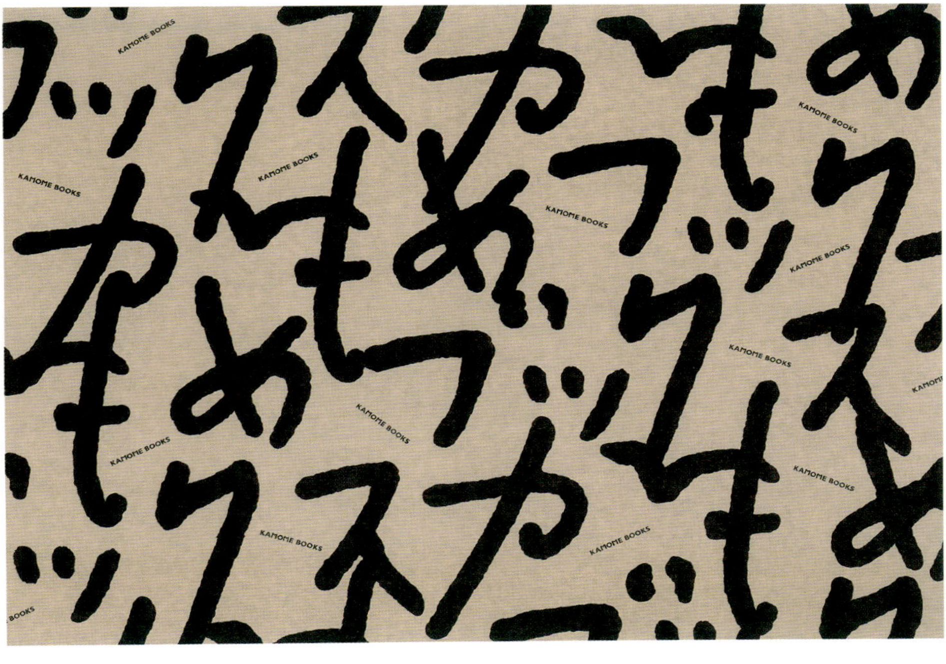

女性誌の売れ行きで流行キャッチ

山陽堂書店

ローカルブックス
大井実
「本をつくる」という仕事
小さな出版社のつくり方
永江朗
言葉はこうして生き残った
河野通和
加藤典洋
London
となりのイスラム
女、今日も仕事する
本屋、はじめました
ギリシア人の物語 II
民主政の成熟と崩壊
塩野七生
民主主義の罠
万年筆インク紙
片岡義男
昭和の店に惹かれる理由
井川直子
DRAFT宮田識 仕事の流儀
夢十夜
Love Ballerina
私とJJ
「カジュアル」を楽しもう!
今こそ出番
「デニムとトレンチ」
コスパ最高!で始める
春の「女子会トレンド」&「通勤ベーシック」
GINZA

すごい!!
特殊印刷加工の実物サンプルが
89枚入った
36種類の和紙サンプル
＋
表紙・本文もすべて和紙！
印刷加工できる和紙を知るための完全保存版『デザインのひきだし29』

VOGUE
ELLE
春トレンド大図鑑
おしゃれな人はアートが好き!
再発!
それでもわたしは山に登る
田部井淳子
みなさん本当にありがとう!!
百万遍もありがとう!!
本とカフェ。
クロワッサン
プレシャス
Precious
「デニムはいてもいいですか？」

山陽堂

四季報
会社情報

春樹
本格長編
騎士団長殺し
書下ろし 2000枚
村上春樹
2月24日【全二冊】同時発売！
『騎士団長殺し』
新潮社
新しい特殊印刷加工の
London Paris
狂うひと
いつの時代も、光は言葉にある。

日本を代表するおしゃれスポットである表参道と青山通りの交差点に立つと、壁一面に谷内六郎の絵が描かれた三階建てのビルが目に飛び込んでくる。この壁画のビルこそ、表参道のランドマークとして長く親しまれている山陽堂書店だ。一八九一年創業というから、なんと二〇一七年で百二十七年め！明治神宮も表参道もない時代に現在地とは表参道をはさんで向かい側あたりに開店したが、一九三三年に道路工事のため、現在地に移転。さらに東京オリンピック前の青山通り拡幅工事で建物は三分の二が削られ、六三年に現在の細長いビルとなった。店は四代目にあたる三姉妹と母、叔母の五人で切り盛りしている。三分の一になった売場は一階、中二階合わせて八坪弱。二階、三階はギャラリーだが、二〇一六年暮れ、三階にバーカウンターを作ったので、どう使っていくか検討中。六・五坪の一階売場はコンパクトなスペースに雑誌がびっしりと並び、脇を固めるかのように関連の書籍が棚差しされている。場所柄か女性誌が圧倒的だが、実話に大衆、りぼんになかよしまで品揃えは満遍ない。休日は一見さんも多いが、メインの客はご近所さん。レジ上の時計は昔の顧客の伝票入れを再利用したもので、表参道のランドマークがかつては向田邦子をはじめ、近所の住民がツケ買いしていた町の本屋さんであることを伝えている。

（2017年4月号）

ホームページ　ツイッター

山陽堂書店
東京都港区北青山3−5−22
東京メトロ表参道駅A3出口から徒歩30秒
営業時間　月〜金11:00−19:00　土曜日11:00−17:00
定休日　日・祝祭日　土不定休

目を奪われるフェア展開
進駸堂中久喜本店

2017年7月に閉店

これから
猟師！
P.116 本で巡る狩猟世界
これから狩猟！フェア
ジビエ教本
山のお肉のフルコース
けもの道 2016年特別号
イマドキの野生動物
猪変
猟師食堂
猟師の肉は腐らない
狩猟の教科書
鳥獣害
シカ問題を考える
食の人類史
新編越後三面山人（やまんど）記
ツンドラ・サバイバル
狩猟サバイバル
ぼくは猟師になった
山賊ダイアリー
私、山の猟師になりました
狙撃の科学
猟師になりたい！
狩猟始めました
サバイバル登山入門
服部文祥
GIBIER
山と河が僕の仕事場
HUNTING & FISHING FOR LIVING

Dennis Lehane
紛うことなきミステリの巨匠
デニス・ルヘイン
Karel Capek
Lydia Davis
Alice Munro
James Ellroy
背信の都
Gene Wolfe
ドラゴンの塔
無限の書

米文学の怪物
トマス・ピンチョン
Michal Ajvaz
Vargas Llosa
Richard Powers
Marie NDiaye
Junot D'iaz
写真撮影OK
Thomas Pynchon
C.N. Adichie
アメリカーナ
閻連科
『実験する小説たち』刊行記念フェア
Steve Erickson
Fernando Pessoa
ポルトガルの海
ペソアと歩くリスボン
リカルド・レイスの死の年
Yiyun Li
Steven Millhauser
Michel Houellebecq
服従
Владимир Георгиевич Сорокин

話題の本
5位
4位
3位
2位
1位
10位
9位
8位
7位
6位
George Orwell
墓まで持ってく一冊です！
厳冬期のアラスカを一人の男が歩くだけのシンプルな表題作に込められた、人間の取るに足らない存在に震えます！
いま、希望を語ろう

北欧、前代未聞の犯罪計画 勝つのは兄弟か、警察か
書店員さんも頑固おやじオーヴェに夢中！
「ジジイ小説好きとして、この聞き分けのないジイ様から滲み出る人生のコクが、なんちゅうかこう、ツボです。」
幸せなひとりぼっち
このおじいちゃんが凄い！
第1位

星を継ぐもの
面白さ保証します！
7年連続
進駸堂中久喜店 年間海外文庫ランキング
ベスト3
ランクイン!!
初めてページをめくる手が止まらない本に出会った。
読書の楽しみを教えてくれた、
人生で記念すべき1冊です
店長

進駸堂中久喜本店はＪＲ小山駅から車で十五分のロードサイドにある。両隣にドラッグストア、自転車専門店が並ぶ典型的な郊外型書店の立地だが、店内に一歩入ると、いわゆる郊外型書店とはまったく違う棚づくりにびっくりするに違いない。入って左手には古本の棚が一棹。右手は二十坪の雑貨売場で、中央にフェア台があり、開放的に奥まで見渡せる。レジカウンターの横は万年筆が並んだガラスケースで、そこから文具関連書、人文、教養と続く。客層のメインは四、五十代の男性。雑貨を扱い始めてから女性、家族連れが増えたというが、現在も六対四で男性客が多い。本の売場は百九十坪だが、ここ六、七年は在庫総数を削りながら売場を見やすくすることを心がけているそうで、文庫、新書の棚は驚くほど平積みが少なく面陳が多い。文芸書のコーナーには作家の顔写真が飾られ、アイキャッチになっている。視線の高さで見せる棚なのである。坪数のわりに翻訳小説の棚が充実しているのも特色だが、表裏になった「熊と日本人」「これから猟師！」フェア、三月生まれの作家フェアなど、フェアの切り口もユニーク。普通に売れるものは売れるが、とんがったものも置くようにして楽しんでもらえる棚づくりをしている、と鈴木毅店長が言うとおり、目的がなくても何かを買ってしまう、そんな「発見」がある書店なのである。

（２０１７年５月号）

進駸堂中久喜本店
※2017年7月閉店
栃木県小山市中久喜　JR小山駅から車で 15 分
開業当時の営業時間10:00−22:00　年中無休

中久喜本店の展開は小山・イトーヨーカドー店に引き継がれています!

新鮮さは至上命題
サンブックス浜田山

34.
売れて欲しい本
PLEASE BUY IT
&新刊
35.
売れてほしい本&新刊

32.歴史
から学ぶ棚

丸谷 才一
赤瀬川 原平
安野 光雅
ドナルド・キーン
正岡子規 ドナルド・キーン
石川啄木 ドナルド・キーン
渡辺崋山
わたしの日本語修行
私と20世紀のクロニクル ドナルド・キーン
思い出の作家たち
戦場のエロイカ・シンフォニー
日本語大好き
無意味な人生など ひとつもない 五木寛之
なぜ生きる
なぜ生きる2
おひとりさまの最期 上野千鶴子
人間の煩悩
それでもこの世は悪くなかった 佐藤愛子
小林秀雄 学生との対話
読書について
ニッポン
不知火
なみだふるはな
苦海浄土 石牟礼道子
葭の渚 石牟礼道子
忘れる力 思考への知の条件
大人の思想
思考の整理学 外山滋比古
東大・京大
ニッポン周遊記
現代思想のエッセンス
日本列島人の思想
日本文学源流史 藤井貞和
ひじきとつるり
ゲンロン 1
ゲンロン 2
ゲンロン 3
ゲンロン 4
考える日々 全編 池田晶子
メタフィジカル・パンチ 池田晶子
永続敗戦論 白井聡
「戦後」の墓碑銘 白井聡
日本戦後史論 内田樹 白井聡
私の「戦後民主主義」
必読の1冊
〈民主〉と〈愛国〉 小熊英二
〈日本人〉の境界 小熊英二
戦争が遺したもの
単一民族神話の起源 小熊英二
私たちはいまどこにいるのか 小熊英二 時評集
日本精神史 長谷川宏
柄谷行人 文学論集
哲学の起源 柄谷行人
「セム」の構造

24.
よくわからない
本棚
カオスノート
トルコで私も考えた
おかあさんの扉
人間仮免中

ラインズ
線の文化史
絵はがきの別府

ファスト&スロー
上
下
マネー・ボール
"混迷の時代"を読む
一流人の仕事術
紙つなげ! 彼らが本の紙を造っている
日本― 喪失と再起の物語
"混迷の時代"を読む
歴史に学ぶ人間学
BC級戦犯の遺言
特攻戦艦 大和
記者たちは海に向かった
子供の死を祈る親たち

京王井の頭線浜田山駅の改札口から三十秒。サンブックス浜田山は文字通りの駅前書店だ。創業は一九八三年。入口の外には週刊誌とコミック誌のラックが左右に並び、村上春樹『騎士団長殺し』や東野圭吾『素敵な日本人』のポスターがガラス戸に貼られている。いかにも懐かしい町の本屋さん風情だが、店内に一歩入ると、その棚作りに驚かされる。中央の雑誌棚を挟んで左側の棚こそ児童、旅行、実用、趣味と、町の本屋さんらしい並びが続くが、右側は尋常ではない。「堅いホン、いわゆる人文の棚」「歴史から学ぶ棚」といった棚の命名からわかるように人文、社会科学系の硬い本がぎっしりと並んでいるのである。レジの横に二棹続く「売れてほしい本&新刊」の棚には『砂糖の社会史』『新編荒野に立つ虹』『住友銀行暗黒史』『昭和プロレス正史』『宇宙のかけら』など、歴史から人文、ビジネス、サブカル、理工系まで、様々なジャンルの本が凝縮して並べられていて、大型店のようにジャンル別に分けられていない分、発見がある。「しょっちゅう変わる棚」「どちらかというと女性向きの棚」「よくわからない棚」等、棚のネーミングもユニークだが、毎日来る馴染み客も少なくないので、しょっちゅう変わる棚以外の棚も頻繁にがらっと入れ替えるというからすごい。何が飛び出すかわからない、玉手箱のような二十坪の町の本屋さんなのである。

（2017年6月号）

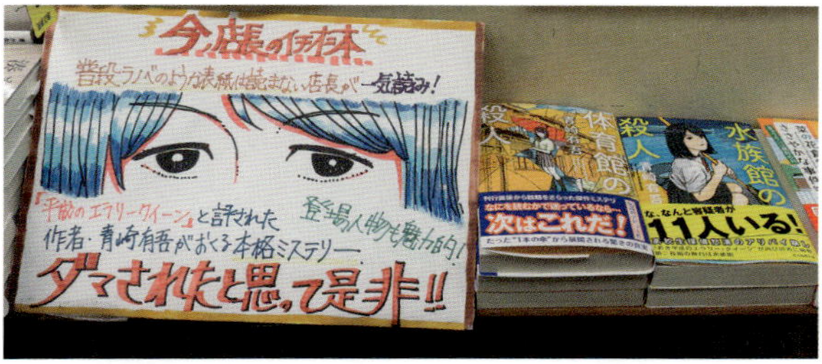

サンブックス浜田山
東京都杉並区浜田山3−30−5
京王井の頭線浜田山駅前
営業時間　月～土10:00～22：00
日曜・祭日11:00～21:00　年中無休

機関紙取扱い随一の社会派書店
模索舎

獄・死刑
東アジア反日武装戦線
ニュー
ONINKO!
死刑囚弁護人
終身刑を考える
オウム事件10年
死刑の昭和史
CPR News Letter No.90
FORUM90
トランプ時代のアメリカの死刑
http://www.forum90.net/
かりはゆく
支援連ニュース
キタコブシ
唯物論
生活経済政策
トロツキー研究
さと野菜ガイド

Klaus Schulze
美代子阿佐ヶ谷気分
へんりっく
寺山修司の弟
永遠に生きる
天皇制
ミフターフ
NO!
京都にも沖縄にも
米軍基地は
どこにもいらない！
死刑と人権
あおぞら通信
反戦反天皇制労働者
Alert
無罪!
安倍打倒！
FumiAkiko CALENDAR 2017
SONRISA
そんりさ
7・23 東京高裁
三里塚闘争50年の集い
7・17東京集会
555

青木ケ原樹海を科学する
開発空間の暴力
ゾンビ襲来
南インドカルチャー見聞録
夫婦でインドを旅すると
廃墟論
廃墟という名の産業遺産
ROADSIDE BOOKS
圏外編集者
独居老人スタイル
東京右半分
都築響一
カレーな薬膳
カレーの愛し方、殺し方
つながるカレー
パンの人
国鉄「東京機関区」に生きた
バス停留所
餃子バンザイ！

非常階段
非常階段ファイル
ソウルフラワー・ユニオン
EATER 2014
個人的理由
高田渡
マイ・フレンド
高田渡と父・豊の「生活の柄」
パンクよりも自由な世界へ
P-FUNK
DJカルチャー
フェラ・クティ
ボブ・マーリー
BOB MARLEY
狂人白書
忌野清志郎
丘の上のパンク
THE SHOOT MUST GO ON
パンク・レヴォリューション

偏向する勁さ
非国民奥崎謙三服役囚考
社会主義の再生は可能か
アナーキズムと天皇制
エコロジーと社会
自治社会の原像
大窪一志
啄木・秋瑾
ネオ・アナキズム論集
国際共通語の思想
自由地と自由貨幣による自然的経済秩序
情報戦のロシア革命
ロシア民衆反乱史
ジャン・ジョレス
フランス人民戦線
スペイン内戦
THE SPANISH CIVIL WAR
ファランヘ党

丸ノ内線新宿三丁目駅と新宿御苑前駅の中間、新宿通りから新宿御苑に抜ける道沿いに模索舎はある。古びた木彫りの看板と外観の雰囲気に、「古本屋がある」と覗き込む人も多いそうだが、れっきとした新刊書店だ。店内に一歩入ると天井までぎっしりと詰まった本棚に圧倒される。売場は二十坪程度だが、在庫点数は坪数が倍の書店ほどもあるだろう。設立は一九七〇年十月。全共闘運動に関わる学生たちが、自分たちの作った出版物を流通させる場として開店した。作家の戸井十月も設立協力者のひとりで、彼がデザインしたカバーがいまも使われている。当初はスナックも兼業していたが、回転率が悪すぎて七二年にスナック部門は廃止、書店専業となった。「ミニコミ・小流通出版物取扱書店」を掲げるだけあり、店の奥には市民運動のパンフや新左翼から右翼までの機関紙などが所狭しと並んでいる。ミニコミなど、持込みの出版物は「原則無審査」で取り扱っているから点数も膨大だ。入口から右手に続くサブカル棚の充実ぶりも目を惹くが、連合赤軍、監獄・死刑、冤罪、水俣、アイヌ、沖縄、原発、アナーキズムなどと分類させる社会科学系の棚が本線。売れ筋は機関紙で「新左翼党派の機関紙の品揃えは全国随一」と舎員の榎本智至さんが言うとおり、ここにしかないものを求めて老若男女が集う書店なのである。

（2017年7月号）

ホームページ　ツイッター

模索舎
東京都新宿区新宿2－4－9
営業時間 12:00-12:30 の間～ 21:00
日曜・祝日 12:00-12:30 の間～ 20:00　定休日なし

世代を超えた選書がお見事

ブックス王子

ブックス王子おすすめの本
ベストセラー
ブックス王子おすすめの本
テレビドラマ放送中
かくしごと
諦めない女
アキラとあきら
最新作がいきなり文庫で登場!
最速でドラマ化!!
徳間文庫
~巨大新聞社を
操る男~
社長室の冬
ドラマ関連本
幼児殺害事件に
まつわる驚愕の
事実とは――?!
歌舞伎

ドラマ化
原作: 金城一紀 (角川文庫)
原作: いくえみ綾 (祥伝社 フィールC)
原作: 麻耶雄嵩 (集英社文庫)
原作: 夜神里奈 (小学館 フラワーC)
原作: 藤原晶 (小学館 フラワーCアルファ)
原作: 大久保ヒロミ (講談社 KCDX)
桐谷美玲, 水川あさみ他
原作: 湊かなえ (講談社文庫)
藤原竜也, 戸田恵梨香他
原作: 石田衣良 (集英社文庫)
中山優馬, 宮本信子
原作: 太田紫織 (角川文庫)
"人の心をゆさぶる究極の頭脳ゲーム漫画"
トモダチゲーム
2017年 実写ドラマ&映画化
コミックス
ツバキ文具店 ~鎌倉代書屋物語~ 原作: 小川糸 (幻冬舎)
4/14 (金) 22:00~ 多部未華子, 高橋克典他
バウンサー 原作: みずたまこと
4/14 (金) BSスカパー 平埜生成, ユナク他 (秋田書店C)
君の名は。
心揺さぶる光景が広がる 新感覚のイラストコレクション
AKB

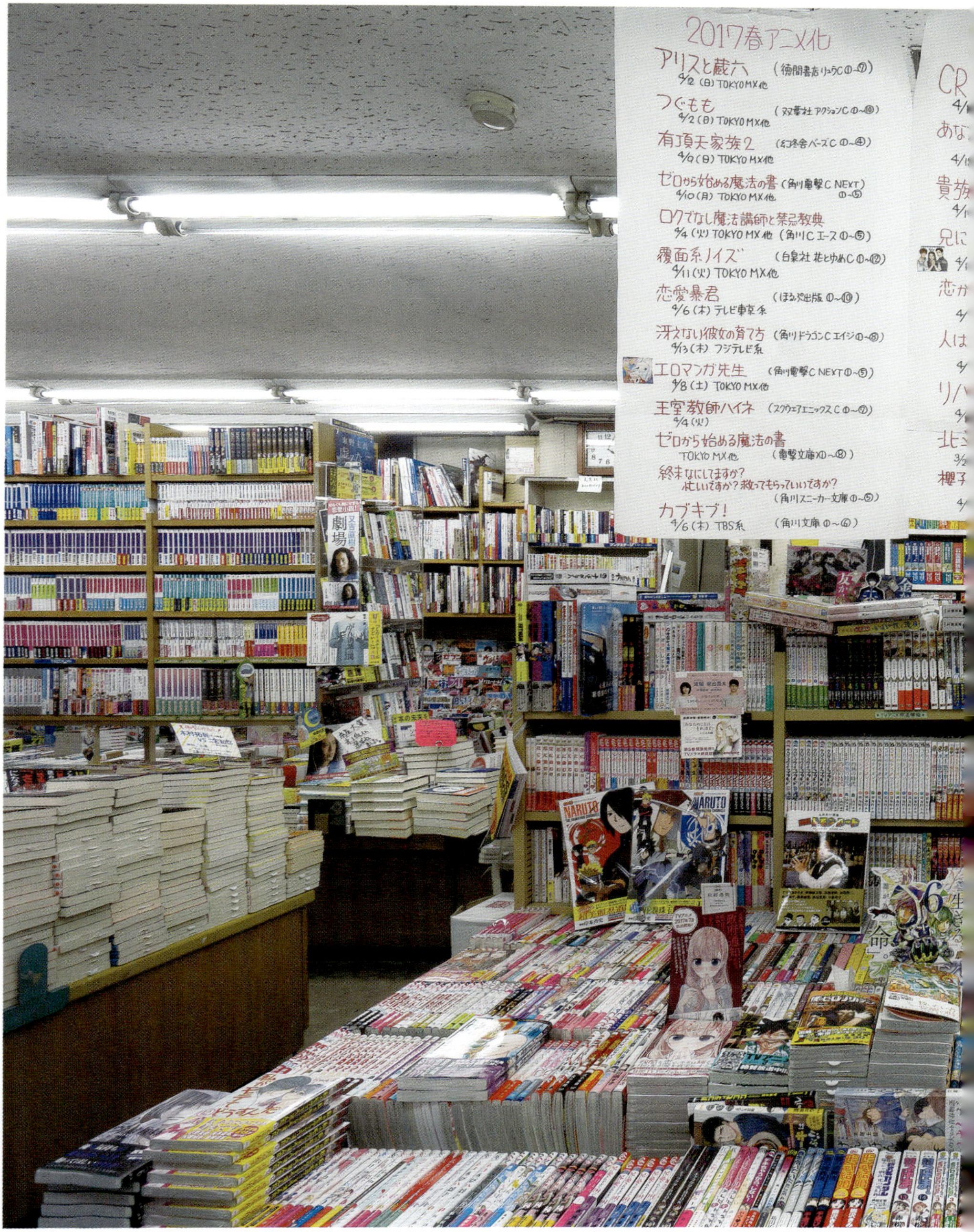

2017春アニメ化
アリスと蔵六 (徳間書店リュウC①~⑦)
4/2 (日) TOKYO MX他
つぐもも (双葉社アクションC①~⑩)
4/2 (日) TOKYO MX他
有頂天家族2 (幻冬舎バーズC①~④)
4/9 (日) TOKYO MX他
ゼロから始める魔法の書 (角川電撃C NEXT ①~⑤)
4/10 (月) TOKYO MX他
ロクでなし魔法講師と禁忌教典
4/4 (火) TOKYO MX他 (角川Cエース①~⑤)
覆面系ノイズ (白泉社 花とゆめC①~⑫)
4/11 (火) TOKYO MX他
恋愛暴君 (ほるぷ出版①~⑩)
4/6 (木) テレビ東京系
冴えない彼女の育て方 (角川ドラゴンCエイジ①~⑧)
4/13 (木) フジテレビ系
エロマンガ先生 (角川電撃C NEXT①~⑤)
4/8 (土) TOKYO MX他
王室教師ハイネ (スクウェアエニックスC①~⑦)
4/4 (火)
ゼロから始める魔法の書
TOKYO MX他 (電撃文庫①~⑧)
終末なにしてますか? 忙しいですか? 救ってもらっていいですか?
(角川スニーカー文庫①~⑤)
カブキブ!
4/6 (木) TBS系 (角川文庫①~⑥)
NARUTO

喜安幸夫
藤井邦夫
あきない世傳 金と銀 ～奔流篇～
あっぱれ 毬谷慎十郎 シリーズ①～⑥
高田郁
高田郁
幡大介
あきない世傳 金と銀 三 奔流篇
高田郁
獅子の噛み虫
坂岡真
あっぱれ!
坂岡真
あっぱれ!

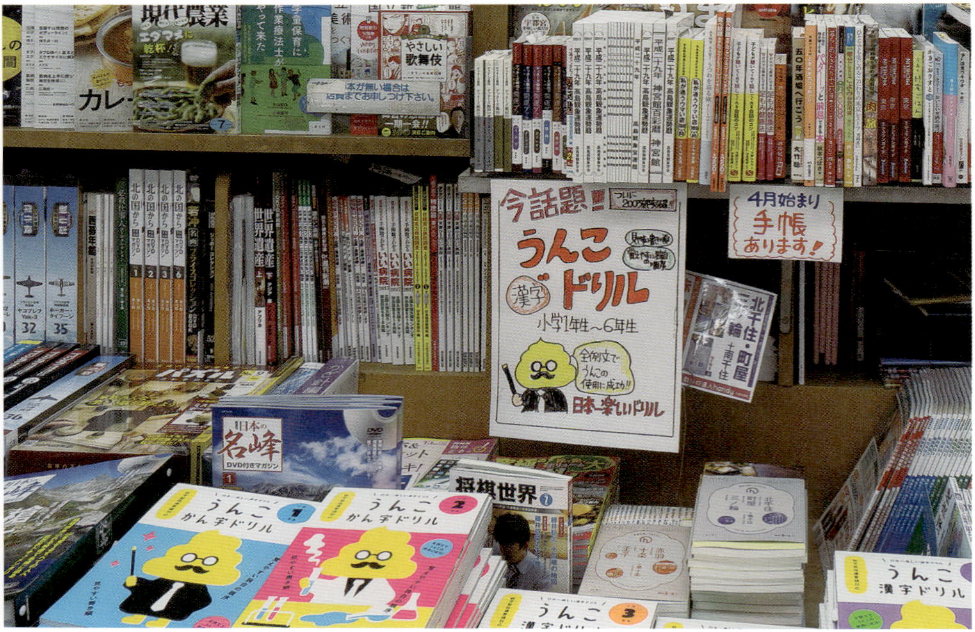
現代農業
やさしい歌舞伎
本が無い場合は店員までお申しつけ下さい。
今話題!!
うんこ 漢字 ドリル
小学1年生～6年生
全例文でうんこの使用に成功!!
日本一楽しいドリル
4月始まり 手帳 あります!
北千住・町屋
日本の名峰
DVD付きマガジン
将棋世界
うんこかん字ドリル 1
うんこかん字ドリル 2
うんこ 3
うんこ 漢字ドリル

王子駅から徒歩三分。銀行、薬局、医院、洋品店、飲食店などが軒を連ねる大通りの商店街にブックス王子はある。入口上のスペースにポスターが貼られ、コミック誌、児童書、女性誌、週刊誌、学習誌、旅行雑誌などのラックやワゴンが所狭しと店頭を占める町の本屋さんだ。レジの奥には事典・辞書類と入荷した客注品がずらりと並び、『劇場』が平積みされたレジカウンターではボローニャのパンも販売中。レジ前にはアニメ化、ドラマ化などの情報を満載した手書きの大きな紙が天井から吊り下がり、真下の特設平台で新刊のコミックとラノベがどーんと展開されている。この春（二〇一七年）、八十歳になった店主の渡辺茂光さんが自転車で顧客に届ける無店舗型の書店を始めたのは一九五六年のこと。その後、東十条で渡辺書房を開店。六三年に隣駅の王子に移り、通りの向かい側で二年間営業したのち、売場拡大のため現在地に移転。以来、五十年以上にわたって王子の顔として営業してきた。売場面積は三十三坪だが、坪数のわりに在庫点数は驚くほど多い。とくに文庫は時代小説からラノべまで、独自のセレクトで幅広く一万三千点以上を並べている。「最近は棚では売れなくなったね」と店主は嘆くが、北区出身の内田康夫の既刊は棚で揃えている。「地元だからね」というひと言に矜持がうかがえる、まさに町の本屋さんなのである。

（2017年8月号）

ブックス王子
東京都北区王子1－13－15
JR京浜東北線&東京メトロ南北線王子駅北口から徒歩3分
営業時間　10:30－22:30　年中無休

ホームページ

普段づかいの本屋

永江朗

わたしにとって普段づかいの本屋はブックファースト自由が丘店である。散歩の途中や取材・打合せの帰りなどに、ほぼ毎日のように覗いている。もしかしたら店の人は「なんだこの平日の昼間にしょっちゅう来るジジイは。よほど暇なんだなあ」と呆れているかもしれない。わたしも本屋に勤めていたことがあるのでわかるけれど、店員には客がよく見えるのである。

この店の店舗面積は約一〇〇坪。すべてのジャンルをまんべんなく置いている。女性ファッション誌やライフスタイル誌、料理書や美容書、軽めのエッセイなど、やや女性向けにシフトした品ぞろえではあるけれども、激しく偏っているわけではない。このへんが「普段づかい」のポイントだと思う。

店員の気立てが良いというのも重要だ。慢性的人手不足の中、みなさんかなり忙しそうで疲れていると思うのだけど、感じのいい接客をしている。問い合わせにも親切に対応しているし。

月のうち一週間ほどすごす京都の普段づかい本屋は、ゼスト御池のふたば書房、寺町通二条の三月書房、そして河原町丸太町の誠光社。どこもわが家から歩いて十分以内だ。

逆に普段づかいではない本屋とは、たとえば売場が一〇〇〇坪を超えるようなメガストア。わたしの場合は資料を探すという明確な目的があるときに行く本屋である。若いころは巨大なフロアを長い時間かけて見て回るのが好きだったけれども、最近は目的のジャンルの棚だけピンポイントで見て、何冊か買って、さっさと帰るようになった。

美術書やデザイン書、絵本・児童書、建築書、農業書などの専門店を覗くのは楽しい。たぶんメガストアにも同じ本はあるだろうと思うのだけれど、専門店の棚に並んでいるとその本の個性が際立つというか、なんだか光って見える。でも、専門店も普段づかいとはちょっと違う。やや特別なところだ。

普段づかいの本屋に通っていると、無意識のうちに定点観測している。たとえば書籍や雑誌の微妙な変化について。ひところは白っぽい表紙が多かったけど、最近はそうでもないなとか。AIだの仮想通貨だの、話題になることがあるとどっと似たような本が出るなとか。本だけでなく客のほうも変化する。トートバッグを肩にかけた客が減り、リュックサックが増殖中。本屋の、というよりも世の中の高齢化というものもヒシヒシと感じる。

週刊誌の書評欄やラジオ番組で取り上げる本は普段づかいの本屋で選ぶ。週刊誌での書評はベストセラーという枠が決まっているし、ラジオも聴いて興味を持った人が入手しやすい本を選ぶよう心がけている。ブックファースト自由が丘店にある本の中から選べばだいたい間違いはない。

普段づかいの本屋は、いつも行く定食屋や居酒屋のようなもので、毎日通っても何年通っても飽きることはない。

やまだ
book
LIBRO
三月

初出一覧

本の雑誌 2015 年1月号～ 2017 年 8 月号より再構成
三月書房、往来堂書店＝『別冊本の雑誌⑰本屋の雑誌』 本の雑誌社刊
リブロ池袋本店＝本の雑誌 2015 年9月号

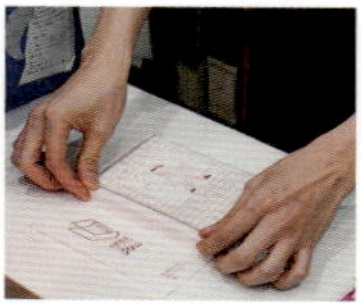

普段づかいの本屋　永江朗＝書き下ろし

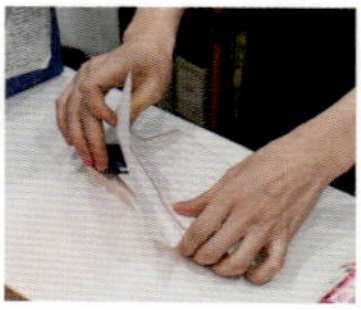

本書製作スタッフと行きつけの本屋

○写真

李宗和　よく行くのは近所の、あべのハルカスのジュンク堂書店。取材などで訪れる見知らぬ町で昔ながらの本屋をのぞくのも好きです。

齊藤正　帰宅（千葉方面）途中に船橋で降り、ときわ書房本店に行ってから近くの居酒屋が定番コース。

中村規　書店の開店時間帯にあまり地元にいないためか、一番通っているのは横浜駅西口地下に広がる有隣堂各店舗。閉店間際に駆け込むことが多い。

○イラスト

堀岡暦　神保町の東京堂書店に行くと、3階まで上がってしまったが最後、日が暮れるまで居着いてます。

○デザイン

岩郷重力　二子玉の紀伊國屋書店。休日に行くと人が多くていつも驚いています。

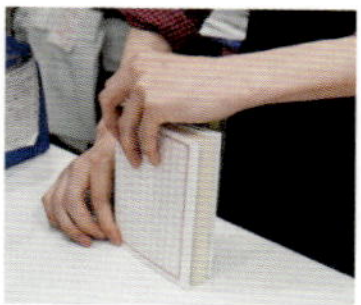

○DTP・画像調整

島袋亨（イニュニック）　リブロecute日暮里店。駅ナカで小さいですが、仕事帰りによく立ち寄ります。

松本孝一（イニュニック）　休日、ついつい本屋さんにいってしまうのは町田の久美堂のおかげです。学生の頃も今も大切な本屋さん。

ニッポンの本屋

2018年5月25日 初版第1刷発行

編者　本の雑誌編集部
発行人　浜本茂
発行所　株式会社 本の雑誌社
〒101-0051 東京都千代田区神田神保町1-37 友田三和ビル
電話　03(3295)1071
振替　00150-3-50378
印刷　株式会社イニュニック

定価はカバーに表示してあります
ISBN978-4-86011-414-5 C0095